湛庐CHEERS

与最聪明的人共同进化

HERE COMES EVERYBODY

魏斯曼的
演讲大师课

THE POWER PRESENTER

[美]杰瑞 · 魏斯曼 JERRY WEISSMAN 著

范兆明 译

浙江教育出版社 · 杭州

JERRY WEISSMAN

杰瑞·魏斯曼

享誉世界的商务沟通大师

- 享誉世界的商务沟通大师，全球领先的演讲教练，知名演讲培训公司 SUASIVE 创始人。
- 全球企业成功上市的幕后推手，被《福布斯》杂志誉为“通财者”和“奇迹魔法师”。
- 系列著作被全球知名企业管理者和销售经理奉为宝典，也被《财富》杂志评为“商业必读书”。

知名演讲培训公司 SUASIVE 创始人

1

Jerry Weissman

魏斯曼的职业生涯始于美国哥伦比亚广播公司（CBS）纽约电视台，他作为公共事务和新闻节目的制片人兼导演，在那里掌握了每一个演讲细节的技巧：清晰而有说服力的内容、精心设计的图表、自然的表达，以及回答提问的艺术。

1988 年，魏斯曼将这些技巧带到硅谷。很快，他就把自己打造成硅谷 CEO（首席执行官）们 IPO（首次公开募股）路演的教练，教他们从投资者的角度讲述自己的商业故事并以此帮助这些 CEO 们为他们的公司筹集了数千亿美元。积累了一批优秀的 IPO 客户后，他很快将重点扩大到指导上市公司和私人控股公司准备和发表各种类型的商业演讲。同年，他创立了自己的公司 Power Presentations（权威演讲），使命是创造有说服力的演讲并产生影响。为了对这一使命进行强化，2018 年，他将公司重新命名为“SUASIVE”。

魏斯曼最早指导的公司是思科（Cisco），当时这家年轻的硅谷网络技术公司准备进行 IPO。思科团队每天要做好几次同样的路演，但效果并不显著，因为时任 CEO 的约翰·莫里奇（John Morgridge）在演讲时只专注于讲述数据资料而不注重演讲方式和技巧。由于思科的创新网络技术非常复杂，他很难向投资者这些非技术性的观众阐明，因此魏斯曼为他编写了一套对潜在投资者来说浅显易懂而有意义的内容，并指导他以镇静、自信和热情的方式来演讲。

思科最初预计的股价是每股 13.5 ~ 15.5 美元，但经过魏斯曼的帮助，路演期间公司受到热烈欢迎，最终以每股 18 美元的单价售出 280 万股。时任思科董事会主席的唐·瓦伦丁（Don Valentine）将至少 2 ~ 3 美元的增长归功于魏斯曼的指导。

2016 年，云通信平台服务公司特利欧（Twilio）的创始人、CEO 兼董事长杰夫劳森也曾表示，他们能在路演中展现出公司的吸引力，魏斯曼的培训功不可没。

如今，魏斯曼已经指导过 600 多家准备 IPO 路演的公司高管团队，包括直觉软件（Intuitsoft）、亿贝（eBay）、奈飞（Netflix）、雅虎（Yahoo）、杜比实验室（Dolby）、铃盛（RingCentral）、特利欧、特鲁利亚（Trulia）、拓蓝（Talend）、无比视（MobileEye）、祖睿（Zuora）等，他帮助这些公司以清晰、自信和最大限度的说服力发表具有高风险的演讲。同时，他的演讲技巧也帮助微软、英特尔、奥多比（Adobe）、爱立信、益博睿（Experian）等公司的经理、销售员、工程师和财务主管售卖他们的产品或服务、发起合作伙伴关系、寻求项目批准或筹集资金。

2

全球商业领袖信赖的演讲教练

《财富》
“商业必读书”作者

3

除了指导公司准备 IPO，魏斯曼在写作方面的成就更是卓越，他的多部著作已被译成 11 种语言出版，被全球知名企业的管理者和销售经理奉为宝典，也被《财富》杂志评为“商业必读书”。

魏斯曼认为，每个人一生中总有某个时刻，会不得不做一次具有高风险的演讲或者做重要的发言，演讲的目的和作用与开会、交谈、通话、面试等其他人际沟通方式一样，对普通人的职业生涯也会产生影响。魏斯曼将演讲技巧与科学、艺术、音乐、文学和体育结合在一起，形成了一套全面的方法论。随着时间的推移，在不同地域、文化条件下这套方法都取得了成功。人们可以掌握并运用这套方法来使自己成为一名有实力的演讲者。

思科副总裁休·博斯特罗姆（Sue Bostrom）曾说，魏斯曼的书不可不读，它提供了一套最基本的技巧，不管是多难的问题，都可以做好反客为主的准备。魏斯曼所著关于内容演示和公众演讲的书籍：《魏斯曼的演讲大师课：说的艺术》《魏斯曼的演讲大师课：答的艺术》《魏斯曼的演讲大师课：臻于完美的演讲》《说服：全球顶尖企业的商务沟通之道》《对答如流：如何回答棘手问题》等均在中国出版，广受读者喜爱。

赞　誉

魏斯曼是独一无二的演讲教练。如果你需要做一场重要的演讲，就买这本书吧，现在就买。你只会得到收益、影响力和事业上的成功。

斯科特·库克（Scott Cook）
直觉软件公司创始人、执行委员会主席

杰瑞·魏斯曼的天才之处在于让我这样事业有成的商界领袖认识到，在电子邮件之外的有效交流方面，我们有多么愚蠢。其中，特别是在如何利用视觉，专注于听众的感受，以及如何使自己的表达坚定而令人信服方面，魏斯曼拓宽了人们的视角。1995 年我第一次进行 IPO 的时候，魏斯曼的工作使我受益匪浅，后来在 2002 年我第二次进行 IPO 时也是如此。在这两次经历中，他的教导都使我们的投资陈述更加清晰易懂。不只是那些即将上市的 CEO 应该读这本书，所有需要做演讲的人也都应该学习这本书里的知识。

里德·哈斯廷斯（Reed Hastings）
奈飞公司创始人兼 CEO

这本书会帮你挖掘出自己天生的魅力。它就像一瓶拥有强大魔力的药水，喝上一口，你就会所向披靡。

盖伊·川崎（Guy Kawasaki）
硅谷创意大师

作为一名高管沟通导师，杰瑞·魏斯曼让我和其他很多人认识到，优秀的沟通技巧不是天生的，而是可以学习的。魏斯曼的系列图书能让每个读者都理解他深刻的思想。这本书极好地阐释了如何成为一名优秀的沟通者，以及如何发自内心地成为一名优秀的沟通者。这本书运用了魏斯曼所教授的交流技巧，运用平实的语言、有趣的事例和令人信服的演示，引导读者吸收和消化思想，并获得技能和信心，真正地成为一名强大的演讲者。

李开复
创新工场董事长兼CEO

世界是一个舞台

> 世界是一个舞台，所有的男男女女只不过是演员。
>
> ——《皆大欢喜》
>
> 威廉·莎士比亚

“公众演讲”是一个包罗万象的术语，很久以前，它被定义为一种在少数场合由专属的少数人进行的活动，比如宴会讲话或致悼词。到了 21 世纪，特别是在本书英文版第 1 版在美国出版后的 10 年里，参与公众演讲的人数呈爆发式增长。现在，在网络、手机和视频技术的推动下，公共场合、私人场合、公司里和社会生活中的所有人都发现，他们不得不对着现场听众、摄像头甚至手机进行表演。

尽管出现了很多新的交流手段，如视频会议、行业报告、“炉边谈话”、推介会、虚拟会议、播客等，但这些手段的基本因素没有改变：演讲的内容和方式、叙事和表达方式、信息和信息传递者。在这个信息过载的时代，让信息清晰明了，并让表达具备权威性，比以往任何时候都更具挑战。

公众对演讲的普遍恐惧心理进一步加剧了这个挑战的难度。撰写再版前言时，“公众演讲恐惧”（fear of public speaking）在搜索引擎上有超过 4 亿条的搜索结果，其中有许多内容引用了一些研究，将公众演讲的可怕程度排在恐高、飞行、昆虫和死亡之前。不过，在经历了近 20 年公众对气候变化等全球性问题越来越多的关注之后，在 2017 年美国查普曼大学关于“美国人畏惧的事物”的民意调查中，公众演讲已跌至第 52 位。

在 4 亿条的搜索结果中，有一些小规模的产业资源，帮助人们应对仍然普遍存在的“公众演讲恐惧”。在高风险的商业世界中，最受欢迎的产品之一是“媒体培训”（Media Training），这一产品涵盖了一箩筐的指导：如何控制情绪，如何使用手势，如何放慢或加快语速，如何消除“呃……”，甚至是如何搭配衣服。

“培训”意味着严格的训练，如为某项运动或表演进行的培训。但商人不是演员，把他们当作演员只会增加他们的压力。尽管如此，“媒体培训”已经成了学习演讲技巧的标准方法。

在 20 世纪八九十年代进入这个领域前，我曾任美国哥伦比亚广播公司纽约电视台公共事务节目的制片人兼导演，在媒体界有很高的声誉。尽管如此，我仍不得不用当时已经在人们心目中根深蒂固的套路来指导别人。在我刚开始做自由演讲教练的时候，会对商务人士进行严格训练，把客户当作演员对待，而这对指导者和被指导者来说都是一个适得其反的过程。我花了很多时间，告诉他们应该或不该怎样运用声音和肢体语言，并为语速的快慢、音调的高低，手势幅度的宽窄和大小而纠缠不休。

一天的培训结束后，他们的动作几乎无懈可击，但一进入实战就迅速退步，而且比培训前更糟。哪里出了问题？一名演讲教练应该是帮得上忙，而不是帮倒忙。

“教练”（coaching）这个词最早用于表示“运输工具”，帮助人们取得进步自然也需要“运输工具”，我的目标是向人们提供一套简单、无害的工具和技术来学习新的技艺。

为了实践这个方法，我回顾了自己在哥伦比亚广播公司的日子。我工作的一个关键部分是邀请来自政界、学界和卫生、科学、文化领域的嘉宾来到我们的演播室。他们都不是演员，为了让他们在紧张的镜头前感到舒适并且看起来放松，我们采用了脱口秀的节目形式。我们将节目编排成对话、一对一访谈，或者小组讨论的形式，由专业主播或新闻主持人主持。我们把嘉宾置于熟悉的环境之中，让他们有机会与他人互动，而不是去表演，这减少了他们的压力。

我还要不停地观看新的档案类影片与录像，阅读一摞又一摞的材料，再不断做采访，然后把所有这些资料压缩成一个 28 分 40 秒的精彩节目。在这个过程中，我和同事使用了一系列经过验证的专业技术来对嘉宾所说的内容进行提炼、聚焦，以及最重要的，精简。

让嘉宾感到舒适和帮助他们优化内容，这两项工作内容让我意识到，我可以轻而易举地将自己在美国哥伦比亚广播公司用过的技巧运用到商业演讲中。这一做法奏效了！通过理顺内容并创造一个舒适的交谈环境，商务人士在演讲中体验到了轻松，就像我们的嘉宾在演播室体验到的那样。

1988 年，我创立了自己的公司 Power Presentations，使命是“创造有说服力的演讲并产生影响”。为了对这一使命进行强化，2018 年，我将公司更名为 SUASIVE。在过去的几十年时间里，这个强大的方法论已经被证明是成功的，我想把它介绍给你，让你不管在什么时候、面对什么样的听众，都可以感到自在、展现自信。

演讲者的挑战

> 思科（Cisco）最初计划在纳斯达克上市时预计的股价是每股 13.5 ～ 15.5 美元，“但在路演期间，公司广受欢迎。”时任思科董事会主席的唐·瓦伦丁（Don Valentine）说道。最终思科以每股 18 美元的单价售出 280 万股，瓦伦丁将至少 2 ～ 3 美元的增长归功于魏斯曼的指导。
>
> ——凯瑟琳·彭德（Kathleen Pender）
>
> 《圣弗朗西斯科纪事报》（*San Francisco Chronicle*）1990 年 7 月 9 日

在我创立自己的公司后，最早指导的对象之一就是思科，当时这家年轻的硅谷网络技术公司正准备进行 IPO（首次公开募股）。这个过程中的一个重要部分是准备一个公司高管团队面向潜在投资者的演讲，也就是所谓的

“路演”。在紧张而忙碌的两周时间里，这个团队要前往全美十几个城市。当时，思科和其他上市公司一样，每天要做好几次同样的路演，每周合计为 30 ～ 40 次。现在，随着流媒体视频的出现，这一过程变得非常不同，在下文中你将看到这一点。但无论过去还是现在，高管团队都必须统一着装，出现在数量同样多的投资者办公室里。IPO 路演是每一位高管所做过的最费时费力、风险最高的推销。

我可以很自豪地说，我对思科团队的指导产生的效果，就如同这篇前言开头的导言中所说的那样。但你可能会质疑：为什么要在意一篇 30 多年前关于思科路演的文章呢？世界上最成功的公司之一的 IPO 对你和你的职业生涯来说意味着什么？接受我的指导对你来说又意味着什么？

毕竟，每年成功上市的公司数量并不多，你所在的公司需要面临 IPO 的可能性并不大。但几乎可以肯定的是，在你人生中的某个时刻，会不得不做一次至关重要的演讲[①]。无论你是一位商人还是一个普通人，你的挑战都是要像思科 IPO 路演那样“广受欢迎”。

我把 IPO 路演的技巧、方式和策略提供给思科的高管团队，后来也提供给了其他 600 多家准备 IPO 路演的公司高管团队，包括直觉软件、亿贝、奈飞、雅虎、杜比实验室、铃盛、特利欧、特鲁利亚、拓蓝、无比视、祖睿、搜诺思、来福车等，同样的技巧、方式和策略可以帮助你完成任何演讲。这些技巧也帮助微软、英特尔、奥多比、爱立信、益博睿和其他数千家公司的经理、销售人员、工程师和财务主管销售他们的产品或服务、发起合作伙伴关系、寻求项目批准或筹集资金。我将在本书中向你介绍我的私人指导课程中的技巧。

① 由于这本书的重点是“演讲”，我将主要使用这个词。但方法论是通用的，因此你可以认为这里的演讲也包含发言、推销，以及随后将在这本书中看到的，快速发展的虚拟演讲。

为非营利事业募款或在专业协会、社区组织、俱乐部等地演讲时，表达方式的重要性与商业演讲是一样的。在任何情况下，无论何时何地，你所面临的挑战都是让你的演讲获得成功。

在思科 IPO 时担任 CEO 的约翰·莫里奇（John Morgridge）就面临过这样的挑战。来到思科之前，莫里奇曾在霍尼韦尔信息系统公司（Honeywell Information Systems）和网格公司（GRID）担任高管，他是一名经验丰富的管理者，更专注于传递数据而不注重演讲方式和技巧。思科的创新网络技术非常复杂，导致他很难向投资者这样的非技术人员阐明，这进一步加剧了他所面临的挑战。

在我们的合作过程中，我指导莫里奇构思一套对潜在投资者来说浅显易懂又有意义的内容，并以自若、自信和热情的方式来演讲。在我的帮助下，莫里奇演讲时感觉很自然，也显得很自如。历史见证了莫里奇的成功，他后来把思科打造成一家强大的商业公司；现在他已经退休了，又在创立一项令人赞叹的慈善事业。

思科 IPO 期间，另一位 CEO 在路演中遇到了另一个挑战。就在为期两周的路演即将开始之际，他得知公司内部出了点儿问题，为了处理这个问题，他不得不经常在演讲间隙接打电话。结果在第一周，他一演讲就会分心，不出所料，他的演讲效果非常糟糕。

在第一周周末，这位 CEO 终于解决了公司内部问题，他不再分心，第二周整周他的演讲都很顺利。路演结束时，投资银行家统计出了他努力的结果：第一周访问的城市中投资者下单量少，而第二周的下单量多。两周的演讲内容完全相同，唯一的区别就是这位 CEO 的肢体语言和声音。如此看来，演讲风格和表达方式会影响 IPO 的效果。

2016年，云通信平台服务公司特利欧的创始人、CEO兼董事长杰夫·劳森（Jeff Lawson）在准备IPO时面临过两大挑战：

> 我们的商业模式是独特的，我们是一个平台，而不是“软件即服务”（SaaS）应用程序；市场也不友好，在2016年6月我们进行IPO之前，硅谷还没有其他科技公司进行过IPO。我们能在路演中展现出公司的吸引力，SUASIVE公司的培训功不可没。

时任特利欧CFO（首席财务官）的李·柯克帕特里克（Lee Kirkpatrick）对IPO结果进行了量化：

> 特利欧在一个不友好的市场环境中上市，但我们演讲的影响力……帮助我们以高于发行价92%的价格收盘。

在思科IPO之后、特利欧IPO之前，美国证券交易委员会彻底改变了路演的方式。它批准了一家名为网络路演（NetRoadshow）的公司通过互联网进行流媒体路演。网络路演是一家网站，在这家网站上，只要点击“初步募股书免责声明”（Preliminary Prospectus Disclaimer），任何人都可以观看某家公司的IPO演讲视频。该网站的早期版本是一个简单的分屏画面：一边是公司高管的演讲视频；另一边是该公司的幻灯片，与演讲同步展示。（如图P-1所示）

后来，一些公司开始提升制作水准，使用在多个地点、不同角度拍摄的全屏影像对公司的产品或服务进行展示。这些内容通常伴有客户推荐视频，还有极富创意的文本和数据动画模块穿插其中，花费在这些奢华作品上的金额高达25万美元。

尽管网络路演提供了不受限制的访问权限，但公司的高管团队仍有两周的路演行程，在此期间，该团队会访问十多个城市，向潜在的投资者推销。不过现在，这些投资者中的大多数人都已经看过 IPO 演讲的流媒体版本，因此，高管团队在路演中不必再花费过多的时间演讲，而是将重点放在讨论公司的业务并回答投资者的问题上。

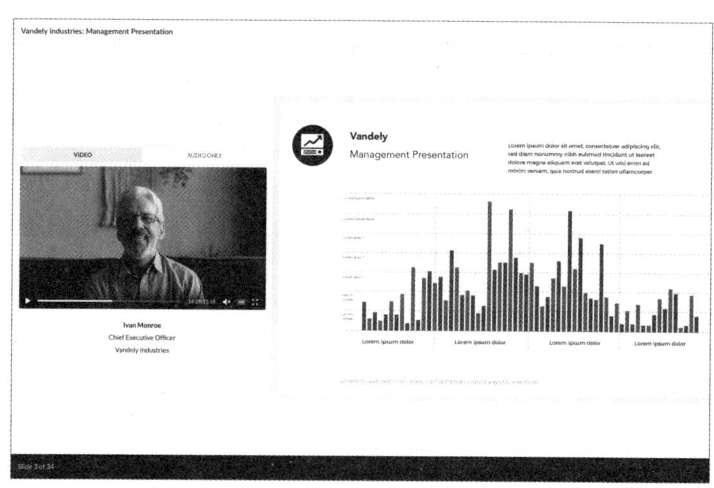

图 P-1　网络路演的分屏版本

这种令人筋疲力尽的行程恒久存在的原因是，没有投资者会仅凭一份录制好的演讲视频就买入价值数千万美元的股票。投资者希望亲眼见到这些管理者，面对面地看着对方的眼睛，与他们直接互动。

接下来的挑战就是如何让这种至关重要的互动获得成功。思科的约翰・莫里奇和特利欧的杰夫・劳森面临过这个挑战，所有 IPO 路演的 CEO 和 CFO 们都面临着这个挑战，做每一次演讲的每一个人也面临着这个挑战。这是一个普遍存在的挑战，由站在现场听众面前带来的这种再熟悉不过的压力而导致难度剧增。

在接下来的内容中，你将学会如何迎接这个挑战并赢得胜利。

你知道演讲中最重要的事是什么吗?

扫码鉴别正版图书
获取您的专属福利

扫码获取全部测试题及答案,
一起了解...

- 准备演讲内容时,尽可能多地使用幻灯片提词器,会很大程度帮助演讲取得成功吗?( )

  A. 会

  B. 不会

- 在演讲过程中,以下哪种方法可以帮助演讲者控制说话的节奏?( )

  A. 使用短语,并在结束时降低声调

  B. 使用短语,并在结束时升高声调

  C. 永远保持声调不变

  D. 时刻压低声调

- 罗纳德·里根被誉为"伟大的演说家",是因为他具有( )

  A. 亲切健谈带来的积极的共情

  B. 对观众讲话居高临下的气势

  C. 国家领导人的身份

  D. 浑厚、洪亮、近乎歌剧风格的嗓音

扫描左侧二维码查看本书更多测试题

目录

THE POWER PRESENT

引　言

完美的演讲从战胜恐惧开始

> 大量研究表明，人们所畏惧的头号事件就是在公开场合演讲，第二件事才是死亡。死亡排第二！这听起来靠谱吗？这意味着，对普通人来说，与其在参加葬礼时在棺材前致悼词，还不如躺在棺材里。
>
> ——杰瑞·宋飞（Jerry Seinfeld）

想象一下这个场景：你坐在听众席上，等待演讲开始。演讲者走到房间前面，走上演讲台，转过身来面对听众，然后突然呆住，姿势就像是在车灯的强光照射下被吓蒙的小鹿。他的眼睛睁得极大，身躯逐渐僵硬，接着，他开始说话，声音从他干裂的嘴唇之间发出，微弱又刺耳。听众时不时能听到他吞咽唾沫的声音，这声音导致他的演讲断断续续。为了缓解紧张情绪，他伸手从演讲台上抓起一杯水，但他的手在不停颤抖，导致杯子里的水都快要洒出来了。

为什么会出现这种情况？说话这种最平常的行为，多数人每天都能轻松完成，为什么一旦站在一群听众面前就变得恐惧了呢？为什么有些演讲者无法展现出最好的状态呢？因为很多演讲都是具有高风险的活动，在这种情况下，能否得到一个有利的结果取决于传达的信息，以及信息传达者的成败。

问题就出在这里：高风险活动。当演讲开始时，听众坐下来，全场鸦雀无声，演讲者顿时成为大家关注的焦点，他会突然觉得："哎呀！他们都在看我！我要好好表现！最好别搞砸了！"

了解"战斗—逃跑反应"

上文提到的那种恐惧，会引发肾上腺素激增，这种生理现象将无意识地导致"战斗—逃跑反应"。肾上腺素激增是原因，"战斗—逃跑反应"激发了动作，而结果要么是攻击性的"战斗"，要么就是防御性的"逃跑"。这种身体反应影响着地球上的每一种生物，包括每个演讲者，老手和新手都一样，甚至连亿万富翁投资家沃伦·巴菲特也不例外。他在传记中承认："年轻的时候，演讲会让我呕吐。事实上，我对生活进行了规划，好让我不必站在任何人面前讲话。"

"战斗—逃跑反应"甚至影响着职业表演者。著名演员劳伦斯·奥利弗（Laurence Olivier）、古典钢琴家格伦·古尔德（Glenn Gould）、流行乐歌手芭芭拉·史翠珊（Barbra Streisand）和凯蒂·佩里（Katy Perry），都承认自己曾受到过怯场的困扰。怯场相当于表演者的一种演讲恐惧。

一个关于肾上腺素的悖论是：令人能在野外生存下来的是它；令人受困于演讲之中，支支吾吾、节节败退的也是它。

肾上腺素激增的解决方案

有很多办法可以阻止肾上腺素激增。在网上搜索“如何克服公众演讲的恐惧”，会出现超过 4 亿条的结果，你会得到这些推荐：

- 深呼吸
- 在大街上奔跑
- 攥拳
- 注视房间后面某个假想的点
- 畅饮美酒
- 想象听众一丝不挂
- 做俯卧撑
- 做瑜伽
- 打呵欠
- 服用药物（可以选择β- 受体阻滞剂）

此类建议不胜枚举，但推荐清单的长度和多样性足以表明，这个问题仍然没有得到解决。因为大多数的建议都是纯生理性的解决方案，而问题本身却不是纯生理性的。此外，用生理性的方法克服公众演讲的恐惧，会让演讲者感觉自己在表演，这反而加剧了最初引起肾上腺素激增的问题。

当演讲者感受到危险即将来临时，他的肾上腺素就会激增，你会在本书第 3 章读到更多关于肾上腺素激增的内容。除非演讲者在一开始就控制住这种感受，否则肾上腺素会持续肆虐，丝毫不减。

参与听众—演讲者双向交流

你可以用心理方法解决生理问题。这需要你转变思维，站在听众的角度，而不是你自己的角度思考，看看他们对你的反应。我们在哥伦比亚广播公司演播室就是这样对待嘉宾的，让他们参与到双向交流中，这样就可以使他们互动起来，减少被动参与的感受。结果就是，他们不再那么焦虑了。在本书第 5 章，你会学到实现这种思维转变的心理体验法。

你还可以在第 4 章学到我在哥伦比亚广播公司运用过的优化演讲内容的 5 个步骤，用一系列的技巧对你的演讲内容进行提炼、聚焦，以及（最重要的）精简。这可以帮你减轻登上演讲台时的心理负担。

自然的谈话、清晰的内容，把它们结合在一起，就组成了解决生理问题的心理方法，这两种因素将使你减轻肾上腺素激增的情况。与此同时，“战斗—逃跑反应”的负面影响也会相应减少。你可以借此把那句古老的格言付诸行动：“如果你感到紧张，就把让你紧张的事情安排得井然有序。”

在接下来的章节中，你还将学到如何对同样重要的几个生理因素进行优化：你的眼睛、肢体语言、声音，以及关于演讲技巧最常被问到的问题——如何运用你的双手和双臂。在第 7 章中，我会通过一系列综合的说明和实践，一步一步地指导你，然后简化这个过程，将其提炼为 3 个高效的内容表达技巧。

最后，你将学会整合所有技巧，包括幻灯片的设计和表达。在这一学习过程中，你会在关键阶段取得进步，并借此学会如何打破旧习惯，对自己在公共场合自如发言的能力重新树立信心。

看过本书第 1 版的读者会注意到，我在本书中对政治家的案例进行了删减，只留下最具代表性的，如约翰 · 肯尼迪与理查德 · 尼克松的辩论，罗纳德 · 里根、温斯顿 · 丘吉尔的演讲和其他几个特殊案例，其余的都是一些商界演讲的案例。毕竟，我写的这本书是面向所有的商旅狂人，他们需要向潜在投资人做出令人信服的推销。

我已经用这种综合方法进行了 30 多年的实战，指导过数千名客户，让他们能够镇定大方地演讲。学会这些技巧，加以勤奋练习，你也可以变成一名自信的、有说服力的演讲者。巴菲特很明白掌握这些技巧的重要性，所以他成了世界上最成功的公司之一伯克希尔·哈撒韦公司（Bekshire Hathaway）的董事长兼 CEO，不再像最初那样沉默寡言。在与比尔·盖茨出席美国消费者新闻与商业频道（CNBC）的市政厅活动时，巴菲特对哥伦比亚大学商学院的学生说道："就公众演讲而言，凭借更好的沟通技巧，你的价值可以提升 50%。"

THE POWER PRESENT

第 1 章

抓住演讲中最重要的部分

"行动比语言更响亮"是一句至理名言。

——亚伯拉罕·林肯

你会在这本书中找到很多技巧来优化你的演讲内容和表达方式。在此之前，你首先要了解一个概念，叫作"听众共鸣"（Audience Advocacy®）。这个概念要求作为演讲者的你成为听众的代言人，设身处地地思考一下：听众是什么样的人，他们想要什么？他们有什么愿望、什么担心、什么喜好？他们对你有多少了解？他们需要了解什么，才能对你的信息或理念做出积极回应，并根据你的号召采取行动？

从听众的角度出发

你可以在演讲的每个环节都运用听众共鸣的技巧：

- **内容。**改进你的内容，为听众提供他们所需要的东西，而不是像很多演讲那样，把演讲内容变成了一份由介绍你自己、你的公司或你的产品和服务堆砌而成的材料。

- **幻灯片。**设计幻灯片时，用它来为听众演示和解释你讲的内容，而不是像一些常见的商业惯例那样，让它变成与演讲内容相割裂的文档。
- **问题**[①]**。**回答听众提出的任何问题，而不是像美国前国防部部长罗伯特·麦克纳马拉（Robert McNamara）所说的那样："不要回答那些当面提出的问题，只回答那些你预料之中的问题。"

所有这些因素都是对听众产生影响的理性措施。听众共鸣的技巧也适用于感性地影响他们，借助你的肢体语言和声音来讲述内容。从这个角度来说，听众对你的认知不只来自他们的思考，还来自他们的双眼、双耳对你的反应，甚至可以更深入，来自他们内心对你的反应，即他们对你感觉如何。

我们把演讲者和听众视为一切人际交流的起点和终点：把演讲者看作信号发送器，把听众看作信号接收器。演讲者发出的一系列动态，我们称之为"3V"：

- **语言（Verbal）：**你的演讲内容。
- **声音（Vocal）：**你的声音，或者你演讲时的语气。
- **视觉（Visual）：**你的肢体语言，或者你演讲时的动作。这里指的不是你的幻灯片。

在过去几十年的时间里，心理学、神经学、社会学和语义学的一些研究测算了这三种动态的不同影响，并给出了充分的理由。在不同的场景下，这些动态有不同的参与度，比如，电话交流没有视觉参与，虚拟会议有部分视

---

① "用正确的方式回答问题"是《魏斯曼的演讲大师课 2：答的艺术》（*In the Line of Fire: How to Handle Tough Questions—When It Counts*）的主题，该书中文简体字版已由湛庐引进，四川人民出版社 2020 年出版。——编者注

觉参与，文本信息既无视觉参与又无声音参与等。然而，所有这些科学研究都一致认为，人类用肢体动作传递的非语言信息能产生最大的影响力。具有讽刺意味的是，最具影响力的恰恰是最具挑战性的，因为它会受到“战斗—逃跑反应”的影响。让我从技巧和实践开始，向你展示怎样控制肾上腺素的激增。同样地，我也会帮你管理和优化声音与视觉。这三种动态都很重要。

肢体语言的力量

马尔科姆·格拉德威尔（Malcolm Gladwell）在他的全球畅销书《眨眼之间》（*Blink*）中用了大段篇幅来讨论他所谓的“最初两秒钟”，即人们如何根据第一印象做出快速判断。第一印象往往是纯粹的视觉判断，正如本书引言中那个如同“车灯的强光照射下被吓蒙的小鹿”的演讲者，他未发一言、未出一声，就给人留下了深刻的第一印象。

肢体语言的影响力比声音和内容的影响力更大。换言之，行动比语言更响亮。

下面，请试着做一个非常简短的“演讲”，让你的同事或朋友当听众。你走到房间前面，开始“演讲”，这时你只动嘴，不出声。同时，你做出无精打采的样子，把重心放在一条腿上，把手深深地插进口袋里，并且快速扫视整个房间。

然后停下来，走到房间的一边。

片刻之后，重新回到房间前面，开始以另一种状态“演讲”。你挺直腰板，直视你的听众，再次“默默”地“演讲”。请把你所有的注意力都集中到听众身上，并向听众伸出手，就像你要与听众握手似的。

再次停下来，问一下你的听众对两种“演讲”方式的反应。毫无疑问，听众会对第一次的“演讲”做出消极评价，对第二次的“演讲”做出积极评价。他们只会根据自己看到的而不是听到的做出评价。

知名电影导演费德里科·费里尼（Federico Fellini）就充分认识到了视觉的影响力。在挑选演员时，他的惯例是更注重外表，而不是声音。他经常让非专业人士在镜头前扮演角色，而后再让专业演员来给角色配音。

在准备具有高风险的演讲时，大多数演讲者会花费大量的时间和精力在演讲的内容上。他们不停地敲打电脑键盘，调整幻灯片，在白板或黄色便签上写写画画，或者把便利贴粘满整个墙面，这说明他们把演讲内容放在了首要位置。但当他们站在台上演讲时，内容反而会退居第三，排在肢体语言和声音之后了。

里根对视觉影响力的运用

罗纳德·里根（如图 1-1 所示）被誉为“伟大的沟通者”，他当之无愧，因为他具有无与伦比的公众演讲技巧。有史以来，还没有哪位美国总统能像里根那样获得如此之高的民众支持率。在 1981—1989 年的 8 年任期内，他把个性放在总统素质的核心位置，在那个曾由职业政治家、前将军或职业官僚占据的白宫办公室里，里根散发出一种微妙而诱人的人格魅力，让全美的新闻媒体、选民，以及面对他的所有听众都为之倾倒。

里根在总统任期结束时发表了一场告别演说，从人们对这场演说的反应中，最能看出里根的影响力。那是一场意味着权力交接的演讲，里根在演讲中对他的接任者、当时的副总统乔治·H. W. 布什表示支持。1988 年 8 月 15 日，美国共和党全国代表大会在新奥尔良州召开，与会代表云集在宏伟的路易斯安那超级圆顶体育馆内，更多的听众则在黄金时间坐在电视机前，观看了里根充满魅力的演讲。

图 1-1 美国前总统罗纳德·里根

> 有了乔治·H. W. 布什，我就知道，当我们向新世纪进发时，我们的孩子将拥有一个安定的未来，一个和平的国家，一个免遭战火的家园。我们会享有繁荣，富足和机遇将遍布全美。我们将拥有安全而活跃的社区……我们的孩子会在充满伟大思想和深刻价值观的氛围中茁壮成长。我们将拥有一个国家，会自信地率领我们奔向新时代的未知领域。
>
> 所以，布什，我支持你。我随时愿意……

超级圆顶体育馆里的共和党成员打断了里根的演讲，他们纷纷站起来高声呼喊表示对里根的支持，并舞动着蓝白色的横幅，上面写着“布什 88”。里根谦逊地微笑，并继续说道：

> 为你提供一点建议，如果需要的话，我还能提供一点策略方面的指点。我会帮你厘清事实真相，或者干脆站在你的身后为你欢呼。但是，布什，我有一个个人请求……

里根停顿了一下，眯起眼睛，张开双唇，展露出他那阳光般的经典笑容，制造出一种戏剧性的效果。接着，他用他那标志性的措辞让演讲效果达到高潮：

> 去吧，为吉佩尔（Gipper）[①] 赢一回！

曾获普利策奖的《洛杉矶时报》（*Los Angeles Tim*）评论员霍华德·罗森伯格（Howard Rosenberg）是这场全美电视直播的听众之一。第二天，他在专栏里总结了自己的感受：

> 里根在每次演讲开始后不久都会有一个关键时刻，在那个时刻，他个人形象的影响力开始超过他言辞的影响力。你会看得更多、听得更少，感受更多、思考更少。外表和情绪完全占据了主导地位。看看他在电视上的形象：歪着的头、真诚的笑容、斜梳的发型，这就足以抵得上千言万语和数百万张选票。

科学家对视觉影响力的验证

奥利弗·萨克斯（Oliver Sacks）是哥伦比亚大学医学院临床神经学和临床精神病学教授，他是一名杰出的内科医生，也是一位成功的作家。在萨克斯的畅销书《错把妻子当帽子》（*The Man Who Mistook His Wife for a Hat and Other Clinical Tales*）中，他提供了一个案例，案例中的人都是脑损伤失语症患者。他们对里根演讲的反应与罗森伯格所描述的相反。有一次，萨克斯走进病房，发现大多数病人都在收看电视上里根的演讲，并且歇斯底里地嘲笑里根。萨克斯医生解释说：

---

① 吉佩尔是里根 1940 年在电影《克努特·罗克尼》（*Knute Rockne All American*）中饰演的角色名，后来成为他的昵称。——编者注

为什么会这样呢？因为一场正常的演讲不只是由单词构成的……它还包括表达方式，也就是用整个身体对全部内容进行表达的过程。对演讲的理解远远不止是对单词的识别，这就是失语症患者即使可能完全不理解那些词句，也能对演讲有自己理解的原因。

芝加哥大学心理和语言学院名誉教授戴维·麦克尼尔（David McNeill）对肢体语言的影响力进行了更进一步的科学验证。他领导了一项被他称为“语言与手势不匹配的交流效应”的研究。研究人员会先给被试播放一段视频，视频中的人在讲述一个故事，但其手势却很离谱。故事讲完后，被试要凭记忆复述这个故事，结果被试描述的更多的是他们看到的，而不是听到的。他们描述的是手势，而不是词句。相较于声音和语言，视觉占据了主导地位。

1960 年 9 月的一天，在哥伦比亚广播公司芝加哥电视台演播室里发生了一个具有里程碑意义的事件：时任美国副总统的理查德·尼克松和马萨诸塞州参议员约翰·肯尼迪分别作为共和党和民主党的总统候选人在首次总统竞选电视辩论中相遇。被人们看好的尼克松显得紧张而僵硬，而肯尼迪作为不被看好的一方却充满自信、挥洒自如。辩论结束后的第二天，他们二人的民意调查结果发生了翻转。这进一步证明了肢体语言的力量。你会在第 7 章看到对这次历史性交锋的详细分析。

詹姆斯·法洛斯（James Fallows）曾担任美国前总统吉米·卡特（Jimmy Carter）的演讲撰稿人，后来他就职于《大西洋月刊》（*The Atlantic Monthly*），成为受人尊敬的美国记者，专门报道总统辩论。法洛斯在一篇文章中总结了视觉的影响力：

在许多辩论中，判断胜利的最简单方法就是在观看时关掉声音，这样你就可以识别出候选人的情绪，例如轻松、紧张、幽默，以及候选人其他通过肢体语言所表现出来的特征。

哑剧充分证明视觉影响力

关于视觉影响力最典型的例子是哑剧。这种无声的艺术起源于古希腊和古罗马的古典戏剧，后来由 16 世纪的意大利即兴喜剧演变而来。

来自法国的马塞尔·马索（Marcel Marceau，如图 1-2 所示）是世界上最著名的哑剧演员之一，几十年来，他凭借无声的表演征服了全世界。特别值得关注的是，他在一个名为《青春、成熟、衰老与死亡》（*Youth, Maturity, Old Age, and Death*）的作品中，演绎了人生的各个阶段。

表演一开始，马索以胎儿的姿势蜷缩起来。然后，他缓慢而持续地展开身体，变成一个蹒跚学步的婴儿。他继续伸展四肢，从婴儿变成一个魁梧的年轻人，大步向前。但很快，他放慢了步伐，佝偻着双肩，变成一位老人，步履蹒跚。最后，他缩成一团，如同一开始时那个胎儿的样子。

图 1-2 马塞尔·马索

最后，让我们回到商业世界，特别是具有高风险的 IPO 路演上来。一项有趣的学术研究调查了“投资者对管理层的评价如何影响公司的估值”，研究人员向人们随机播放了网络路演上 224 家公司 CEO 的 30 秒视频片段，研究人员过滤了这些视频片段的音轨，CEO 们的声音失真了，他们的话因此无法被领会。《华尔街日报》（*The Wall Street Journal*）对这项研究进行了报道，在文章中直接指出结果：

> 他们发现，对 CEO 的评价是对 IPO 股价的有力预测因素。这项研究发现，平均而言，对 CEO 的评价每提升 5%，IPO 股价就大约会比仅基于基本面的预期价格提升 11%。
>
> 在投资推介会上，一名 CEO 越能通过姿态和举止展现其能力，其 IPO 股价就有可能越高。

“姿态和举止”都是视觉动态。但具有讽刺意味的是，大多数演讲者把大部分的时间和精力都花费在了演讲内容上。当然，我不是建议你轻视内容，把所有精力集中在表达技巧上，而是希望你两个方面都要重视，**肢体语言和声音作为演讲者本身的能力，其与演讲内容并重**。

当然，作为信息传递者，你要持续地关注听众对你的感受如何，以及其对信息本身的感受如何。你要在你和听众之间搭一座桥，这座桥就是共情。

TIPS

魏斯曼完美演讲

演讲者作为信息传递者，要持续地关注听众的感受如何，以及对信息本身的感受如何。在优化声音与视觉的同时，不要忽略肢体语言的力量。

THE POWER
PRESENT

第 2 章

与听众产生共情

> 人们会忘记你说过的话，忘记你做过的事，
> 但你带给他们的感受，人们永远不会忘记。
> ——玛雅·安杰卢（Maya Angelou）

共情（Empathy）一词源自希腊语，意为“共有的感受”或“同样的感受”。它与同情（sympathy）不一样，同情更多地指“怜悯”，意味着双方的感受各自不同，而不是双方拥有同样的感受。在演讲中，共情就是听众和演讲者共有的感受，只不过，听众的这一感受是无意识的。关于无意识的共有感受最常见的例子就是打呵欠。想想看，当你身处一群人之中时，有一个人打了一个呵欠，用不了多久，其他人也开始打呵欠了。打呵欠会传染，这就是共情。

让我们再回顾一下引言中提到的“车灯的强光照射下被吓蒙的小鹿”，看看共情是如何在演讲时产生影响的。一名演讲者走上演讲台，突然僵住：眼睛睁大、身体僵硬、张不开嘴、双手发抖。作为听众的你感受如何？你也很有可能会紧张。尽管你没有什么值得紧张的事情，但你会为这名演讲者感到紧张。那一刻，你的反应完全是无意识的。

另一种常见的共情是，一名演讲者走进明亮的舞台灯光所照射的区域时，突然眯起眼睛。毋庸置疑，你也会眯起眼睛。

这就是共情，是演讲者行为与听众感受之间的直接关联，也是一种无意识的关联，这种关联是听众对演讲者的第一印象。正如马尔科姆·格拉德威尔在《眨眼之间》中所阐述的那样，第一印象先入为主。

共情的科学研究

演讲者的行为和听众的感受之间存在一种实际的神经性关联。英国的一个研究团队开展了一项研究，研究内容是监测人类共情时的脑电波。实验的一部分是将一对志愿者夫妻请到实验室，给他们头部连接上电极。首先，对第一个人进行一次轻微电击，使此人大脑的某个特定区域产生一个脉冲。然后，再对第二个人进行轻微电击。当第一个人观察到第二个人对电击的反应时，尽管第一个人没有再遭受电击，但他大脑的同一区域内也产生了与遭受电击时同样的脉冲。即第一个人看到第二个人被电击的反应，产生了之前被电击的感受。正如这项研究所总结的那样：

> 人们有感受他人之痛的能力，这是典型的共情。利用功能成像技术，我们监测了志愿者在经历痛苦刺激时的大脑活动，并将其与诱发的信号进行比较。我们观察到的信号表明，与该志愿者同处一室的爱人（另一名志愿者）正在接受类似的疼痛刺激。

虽然你可能不是那个紧张的演讲者的爱人，但当你在听众席里看着台上的演讲者紧张兮兮时，很可能也会有类似的、共同的感受。

神经对共情的影响

“引起这些感受的是大脑中被称为‘镜像神经元’（mirror neurons）的神经细胞”，这一观点最早出现在意大利的一个研究团队的文章中，该研究团队的成员在实验室中进行了一项以猴子为对象的研究。这项研究的本意是监测动物的大脑活动，但科学家还注意到，猴子会模仿科学家实验时的身体动作，由此科学家得出结论：

> 前运动神经元（premotor neurons）不但能够根据刺激特征来引发行为，还能根据观察到的动作的意义来引发行为。

这篇文章在科学家之间广为流传，他们把镜像神经元戏称为“猴子看，猴子做”。换句话说，我们所看到的与我们所感受到的是相同的。

美国公共电视网（PBS）科学系列节目《新星》（*Nova*）中有一部关于镜像神经元的电视纪录片，该纪录片以人类的进化历程为主题。尽管该纪录片展示了所有常见的、严肃的科学证据，包括上文提到的来自英国和意大利的研究团队的实验，但最能直接说明意义也最有娱乐性的部分来自《新星》的主持人兼执行编辑罗伯特·克鲁尔维奇（Robert Krulwich）。只见他把一个个沉重的箱子堆起来，然后搬往纽约的大街上。

箱子堆得很高，很不稳，所以克鲁尔维奇在搬运时颤颤巍巍、紧张兮兮。当他从行人旁边走过时，那些只拿着手提包或公文包的行人也变得紧张起来。这些行人所见的，使他们产生了与克鲁尔维奇相同的感受。

普林斯顿大学的一个科学家团队发表了一项研究，研究内容是神经如何影响交流。通过对大脑活动进行功能性磁共振成像（fMRI）检测，他们发现，当说话者和倾听者达到神经耦合（neural coupling）时，交流会更成功。

研究者是这样表述的：

> 我们将说话者和倾听者神经耦合的程度与倾听者对内容理解的程度量化地联系起来，发现说话者与倾听者的预期神经耦合程度越强，倾听者对内容的理解程度就越高。

不管是通过镜像神经元还是神经耦合，演讲者和听众在产生共情时都是无意识的，这是一种强大的情感动态。

共情产生的双向影响

共情是双向的。演讲者不同的肢体语言会令听众产生不同的感受。想象一下，如果紧张的演讲者改变一下自己的状态：轻松地大步走向演讲台，满面笑容，张开双臂表示欢迎，那么听众的反应也很可能会是积极的。而这一切发生的时候，演讲者连一个字都还没有讲！听众对演讲者的行为所做出的反应，无论是积极的还是消极的，都是无意识的。

于是，当演讲者开始发言时，所有的动态开始共同发挥作用。如果演讲者表现出焦虑的情绪，听众就会对演讲内容产生怀疑，更糟糕的是他们还会否定内容；如果演讲者表现得权威、自信，听众就会对内容有很好的理解。**无论哪种方式，共情都会对交流、反应，甚至最终结果产生影响。**

正如橄榄球传奇教练文斯·隆巴尔迪（Vince Lombardi）曾经说过的那样："信心会传染，缺乏信心也是如此。"

想想前面的案例，演讲者行为是如何影响听众感受的：

- 当"车灯的强光照射下被吓蒙的小鹿"般的演讲者的手在颤抖时，

听众感同身受。

- 当演讲者走进明亮的舞台灯光区域眯起眼睛时，听众也眯起眼睛。
- 当英国研究项目中的夫妻看到对方受到电击时，他们做出与自己受到电击时一样的反应。
- 当克鲁尔维奇颤颤巍巍、紧张兮兮地搬着一堆沉重的箱子走路时，街上的行人也变得紧张起来。

所有这些案例都说明，消极行为会产生消极感受。现在把思路翻转过来：如果演讲者的行为是积极的，听众就会产生积极的感受。

2007 年 1 月 9 日，时任苹果公司 CEO 的史蒂夫·乔布斯穿着他标志性的黑色高领套头衫、蓝色牛仔裤和白色运动鞋，在圣弗朗西斯科莫斯克尼会议中心的众多听众面前，若无其事地走上了一年一度的麦克世界（Macworld）大会的讲台。一开始，他漫不经心地聊了聊苹果之前的产品，但当他开始描述当天发布的新产品时，声音和肢体语言突然生动起来，表现出他的激情和热忱：

> 今天，我们将介绍这一代的三个革命性产品。
>
> 第一个是可触控的宽屏苹果多媒体播放设备（iPod）。
>
> 第二个是革命性的手机。
>
> 第三个是突破性的互联网通信设备。
>
> 所以，三个产品：可触控的宽屏苹果多媒体播放设备、革命性的手机，以及突破性的互联网通信设备。
>
> 一部苹果多媒体播放设备、一部手机、一部互联网通信设备。一部苹果多媒体播放设备、一部手机……你是不是听懂了？
>
> 这不是三个独立的设备，这是一个设备，我们把它称为“苹果手机”（iphone）。
>
> 今天……苹果将重新定义手机，它来了。

苹果手机设计团队的核心软件工程师之一肯·科钦达（Ken Kocienda）曾这样描述乔布斯从聊天模式到营销模式的戏剧性转变：

> 他完全进入了自己的角色之中。他的语调、他的姿态、他的手势，他的一切……

苹果手机后来给科技行业和无数其他行业甚至是社交媒体带来了变革，乔布斯的发布会也是一样。后来它变成衡量其他演讲，或者是衡量其他发布会是否成功的标准。

效果矩阵

综上所述，你可以得出有关“内容和表达会对效果产生影响”的结论。如图 2-1 所示，效果矩阵将内容和表达联系起来，坐标轴箭头代表两者从低到高的变化方向。

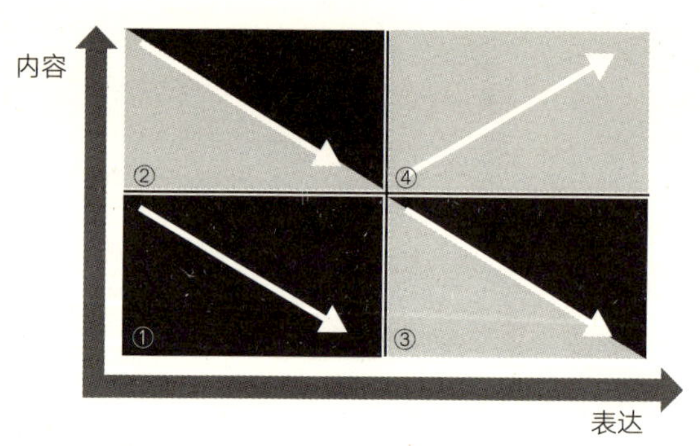

图 2-1　效果矩阵

根据演讲者内容和表达的高低程度，可以将不同演讲者划归于四个象限之一。

象限①："低内容 + 低表达"

生活中，"低内容 + 低表达"的典型案例是，一个小男孩的手被卡在饼干罐里，有人认为他是在偷吃。他抗议道："我只是在找我的家庭作业！"同时，小男孩的双眼在房间里扫视，身体扭动着，坐立不安。在饼干罐里找家庭作业？这是一个不太可能发生的"内容"，而且他紧张的举止出卖了他。

我们再熟悉不过的"低内容 + 低表达"的商业案例来自电话推销员，他们在小隔间里一坐就是几个小时，不停地给陌生人打电话。电话推销员用预先设定好的推销手段将某种产品或服务推销给他人，他人可能对此感兴趣，但更有可能不感兴趣。这种千篇一律的推销话术是一种糟糕的内容，而电话推销员语调平淡的表达，在历经无数次重复之后，听起来很机械。

富国银行前董事长兼 CEO 约翰·斯顿夫（John Stumpf）在被问讯时的表现则是关于"低表达"的案例。2016 年 9 月 8 日，美国消费者金融保护局指控富国银行"存在普遍的违法操作，在用户不知情或不同意的情况下，从用户授权账户中转移资金，并秘密开设非授权存款账户和信用卡账户，通常这会产生服务费或增加其他费用"，从而对该银行处以 1.85 亿美元的罚款。

过了不到两周，斯顿夫被传唤到华盛顿特区，就这桩丑闻接受参议院银行委员会的讯问。这位衣着整洁、满头银发的 CEO 身穿标准而体面的银行官员制服：深色西装、白色衬衣和保守的领带。他的右手由于裹着绷带而引人注目（据一位知情人透露，这是斯顿夫和孙辈们玩耍时弄伤的），但是愤怒的参议员们对他轮番开火，提问中对他既不尊重，也不同情。

斯顿夫的讯问者之一是宾夕法尼亚州共和党参议员帕特·图米（Pat Toomey）。

图米：我开始提问了。斯顿夫先生，你是否承认参与这一活动的员工存在欺诈行为？

斯顿夫：你知道的，我不是一名……嗯……罪犯……嗯……啊……你知道……

斯顿夫结结巴巴的表达与美国前总统尼克松那臭名昭著的拒绝认罪行为如出一辙，使他听起来就像尼克松一样有罪。

图米：你们是什么时候开始在美国证券交易委员会的文件中承认，你们有这种潜在的重大不利情况，这种情况可能会对你们的声誉造成巨大损害？

斯顿夫：好吧，我没有……这……这……嗯……我没有……我无法回答，我必须找来我们的……我们的法律团队。现在他们不在这里，但这不是一个……一个……啊……我只是……我得回头再回答你的这个问题。我不知道。

当天晚些时候，马萨诸塞州民主党参议员伊丽莎白·沃伦（Elizabeth Warren）继续发难。

沃伦：你知道你在实施骗局期间赚了多少钱，你持有的富国银行股票增值多少吗？

斯顿夫：好吧，首先，它不是一个骗局。交叉销售是一种加深关系的方式，当客户……

沃伦：我们已经讨论过这一点了，斯顿夫先生。我现在提出了一个非常简单的问题：你知道你的股票在实施骗局期间增值多少吗？

斯顿夫：它……它……我的所有薪酬都在我们的……嗯……公开文件里……

沃伦：你知道它是多少吗？

斯顿夫：这些都在公开文件里。

沃伦：你说得对，这些都在公开文件里，因为我查阅过了。实施骗局期间，你个人平均持有675万股富国银行的股票份额。每股股价在这段时间里上涨了大约30美元，你个人获得了超过2亿美元的收益。

参议员图米、沃伦和他们在参议院银行委员会的同行花了一天时间揭露富国银行“内容”上的问题，而一位学者在揭露斯顿夫“表达”上的问题时只花了30秒。

参议院听证会结束后的第二天，耶鲁大学管理学院高级副院长兼教授杰弗里·索南菲尔德（Jeffrey Sonnenfeld）在美国消费者新闻与商业频道的节目《财经论坛》（*Squawk Box*）上对斯顿夫的辩词发表了评论：

斯顿夫完全没有准备就去了。事实上，他有一份平淡的、起草好的公关文稿，他念的时候也流露出了悔意，也表现得很真诚。然而他却陷入了最简单的，他本该预料到的问题之中：他是什么时候知道的？他知道些什么？都有谁知道这些事，什么时候知道的？斯顿夫完全没有准备好，他成功地把这个极其不团结的委员会团结起来了。

过了不到一个月的时间，斯顿夫从富国银行辞职。2020年，美国财政部货币监理署对斯顿夫作出处罚，禁止他终身从事银行业工作，并对他个人处以1 750万美元的罚款。最终，富国银行以赔偿30亿美元的代价与美国司法部和美国证券交易委员会达成和解。

斯顿夫的行为就像“一只受伤的手被卡在一个很大的饼干罐里”。

象限②："高内容 + 低表达"

橄榄球教练就是励志演说家的代名词，他们的拿手绝活就是用鼓舞人心的讲话激励球员有优异的表现。马克·特雷斯特曼（Marc Trestman）是一名经验丰富的教练，曾在美国国家橄榄球联盟和加拿大橄榄球联盟的几支球队执教。在执教多伦多淘金人队期间，有一次他在球场上接受体育记者的采访，采访的文字记录如下。你会看到，我在理应用来鼓舞人心的词语下面添加了下划线："紧迫感""激情""活力""重要""兴奋"等，但这只是我的一种强调方式。特雷斯特曼在说出这些词语时，语调很平淡，与其他词句无异。

记者：你对首个训练日的第一印象如何？

特雷斯特曼：大家都很兴奋能回来。这是一次很有激情的训练，他们非常努力。另外，我们要研究录像，设法纠正错误，在他们做得好的时候赞美他们，并且在他们出现错误的时候纠正他们，让他们努力做得更好。

记者：最初的几个训练日有多重要？尤其是考虑到训练营时间很短，而且赛季马上就要开始了。

特雷斯特曼：我想，我有一点不同的看法。我认为我们每天都要带着强烈的紧迫感去完成工作，让这支橄榄球队变得更好。我不会比较这些日子，我不认为第 7 天不如第 1 天重要，也不认为第 50 天不如第 7 天重要。它们都是最重要的，你知道，任何一天都是我们唯一的一天，我们要充分利用它。

记者：今天有没有哪些东西，尤其是哪些表现出色的小组，是你乐于见到的？

特雷斯特曼：你知道，我喜欢今天的活力。我想，我们得到了一些新队员，我不会点出他们的名字，但我想，我们不只是通过选拔，我们还与自由球员签约，从而获得一些新队员。我认为这的确让球队增添了实力，看着事情进展一天天顺利起来，我感到非常兴奋。

当飓风“厄玛”（Hurricane Irma）在佛罗里达州肆虐时，“高内容+低表达”的效果出现了一种特别的变化。时任州长的里克·斯科特（Rick Scott）在电视上向民众介绍应对飓风的应急措施，他使用了“危及生命的”“灾难性的”“致命的”“幸存”“疏散”等带有紧迫感的词语，但当他照着文件念出来时，用的是一种冷漠的、不带感情色彩的平淡语调。

与之形成鲜明对比的是州长身边站着的一名为听障人士配备的翻译员，他运用夸张的手语表达着同样的紧急用语。这位翻译员摆动着张开的双臂，以生动的面部表情对无声的翻译内容进行强调，这增添了一丝缓解紧张的幽默。

象限③：“低内容+高表达”

美国全国广播公司（NBC）《周六夜现场》（*Saturday Night Live*）节目的撰稿人威尔·斯蒂芬（Will Stephen）就是“低内容+高表达”这种情况的案例。他组织了一场TEDx演讲，在开场白中就已彻底揭示了他的内容是毫无价值的；而通过“在TEDx演讲中如何让自己听起来很聪明”这样的题目，他传达了自己的意图：用充满活力的表达方式给自己的内容一个有价值的假象。他用生动的表情和富有表现力的手势创造出了充满活力的演说：

听到了吗？今天我作为这次会议的演讲者，没有什么要对你们讲的。我没有任何可讲的。没什么智慧的东西，没什么励志的东西，我甚至一丁点儿研究都没有做过。无论如何，我确实没有什么可说的。不过，通过我说话的方式，我会让你们觉得我好像说了一些东西，就好像我说的东西充满智慧。也许，只是也许，你会感觉你学到了一些东西。现在，我要开始我的开场白了。我会做很多手势，我要用右手来做，我要用左手来做。我要调整一下眼镜，然后我会问大家一个问题。举手投票，你们当中有谁曾经被提问过？好的，很棒，我看到一些人举起了手。再说一次，我没什么可说的……

象限④："高内容 + 高表达"

2019 年，美国国家女子足球队在队长梅甘·拉皮诺（Megan Rapinoe）的率领下，连续 4 次获得世界杯冠军。然而，通往冠军的路上充满了政治争议和挑战，这主要因为拉皮诺的激进主义。她不断为女运动员同工同酬、种族不平等等问题发声。

但是在纽约市为球队举行的盛大的胜利庆祝会上，拉皮诺发表了 6 分钟的演讲，内容充满了和解、团结与和谐的意味。她用洪亮的嗓音和在赛场上表现出的那种自信、活力传达了她的新思想：

> 这是我对大家的忠告：我们必须变得更好。我们必须多爱一点，少恨一点。我们要多听少说。我们要知道，这是每个人的责任，包括每一个在这里的人、每一个不在这里的人、每一个不想来这里的人、每一个认同或不认同的人。让这个世界变成一个更好的所在，这是我们的责任。过去几年里，争论太多了，我已深受其害。为反对联邦政府而战的时候，我也是施加伤害的人，我为我说过的一些话道歉，但不是全部。但是，是时候团结起来了，这次讲话就是我向前迈出的一步。我们必须携起手来，这需要每个人的参与。这是我对大家的忠告：尽你所能，做你该做的事情。摆脱自我束缚，做得更多，做得更好。要比过去更强大。在这个过程中，如果这支球队能代表你的追求，请把它当作榜样。这个团队是不可思

议的，为了达到今天的成绩，为了今天与你们庆祝，我们的肩上承担了太多，而我们以笑面对。所以，我们请求大家，也为我们做同样的事情。纽约市，你是……最棒的。

她的发言是冠军之言。

在理想情况下，每个人都希望自己处于图 2-1 中象限④“高内容 + 高表达”的区域，处于这个象限中的演讲者可以有力地传达出强烈的信息。可是，为什么不是每个演讲者都能处于这个象限呢？因为当一个人站在听众面前时，他会受到一些力量的影响，这些力量好像超出了他的控制。

在接下来的章节中，你会了解到这些力量是什么，以及如何真正地控制它们。首先，让我们更深入地研究这些力量中最强大的一种：“战斗—逃跑反应”。

TIPS

魏斯曼完美演讲

请在演讲的每个环节中都运用共情。共情会对交流、反应，甚至最终结果产生影响。演讲者要表现得很权威、很自信，听众才会对内容有很好的理解。只有当演讲者的行为是积极的，演讲才能对听众产生积极的作用。

THE POWER
PRESENT

第 3 章

内心紧张感的来源

> 世上有两种演讲者：一种是紧张的，另一种是故作镇定的。
>
> ——马克·吐温

地球上的每一个生物，从单细胞生物到四条腿的动物，再到两条腿的人类，在面对即将到来的危险时，他们为了生存要么战斗，要么逃跑。无论做出哪种反应，身体都会突然释放大量的肾上腺素，激活交感神经系统，引发生存行为。

“战斗—逃跑反应”

在“战斗—逃跑反应”被激活的状态下，应急网状系统会让身体内部的许多部分进入加速运动：

- **眼睛。**瞳孔扩大以扩展视野，虹膜迅速进行扫描。
- **心脏。**加快跳动，将血液输送到四肢，激活“战斗—逃跑反应”。
- **血压。**由于血流增加而升高。

- **血糖**。水平上升以产生更多的能量。
- **肺**。增加呼吸频率，使更多的氧气进入血液。
- **汗腺**。为防止体温过高而被激活，导致手掌出汗。
- **唾液腺**。关闭，暂停消化，使口腔非常干燥。

美国一家知名科技媒体每年都会举办一次会议，在会议上，处于早期初创阶段的科技公司的企业家有机会向作为听众的风险投资人和天使投资人寻求融资——如果有这样的机会，那可真是一件令人肾上腺素激增的事情。在一次会议上，一个商界的新手凭借对他的初创公司卢米尔（Lumier）做的推介入围决赛，这个人就是卡伦·杜达斯（Cullen Dudas）。

当杜达斯走上演讲台时，主持人对演讲者的人数感到疑惑，于是打断了杜达斯的演讲进行确认。演讲开始后，技术组放错了幻灯片，杜达斯不得不停下来纠正。这些状况增加了这场面向高规格听众的演讲的难度。当他的演讲真正开始时，杜达斯的压力大增，这使他口干舌燥，不得不反复吞咽口水，并湿润嘴唇。

肾上腺素激增会刺激神经突触，使演讲者的警觉性提高，同时也会影响演讲者对时间的感知。

对于一名站在满屋子听众面前的人来说，时间的流逝速度会发生变化。对我来说也是一样。在成为演讲教练之前，我是哥伦比亚广播公司的制片人兼导演。电视工作者视时间为生命，尽管我已经退出该行业 30 多年了，却仍然戴着一块秒表。计算时间对我来说很容易，尽管我总是很难算清我的支票簿，但我可以轻松地以 60 秒为单位反复计算时间。

离开广播电视行业之后，几乎所有的时间里，我都在做一名演讲教练。每次进行指导时，我都会展示那些对我而言非常熟悉的内容。因此，在听众面前，我的肾上腺素几乎不会升高。

因为我的职业背景，在离开广播电视行业多年之后，我得到了一个重回电视演播室的机会，为我的第一本书《魏斯曼的演讲大师课 1：说的艺术》（*Presenting to Win: The Art of Telling Your Story*）[①] 进行媒体宣传。在节目录制之前，音频技术人员帮我装麦克风的时候，主持人和我亲切地聊天。我问她采访会持续多长时间，她回答说："哦，四五分钟。"

很快，舞台总监提醒主持人可以开始采访了。我们的交流进行得很顺畅，但是不一会儿，主持人却突然说："我们的时间快到了。谢谢你，杰瑞，谢谢你今天能来这里。"

> "时间用完了吗？"当音频技术人员过来取下我的麦克风之后，我问主持人。
>
> "怎么了？"她问道。
>
> "才过了两三分钟，你就终止了采访。"我说。
>
> "不是的。"她答道，然后询问控制室："乔治，这段节目用了多长时间？"
>
> 过了一会儿，从扩音器里传来乔治低沉的嗓音："4 分 46 秒。"

4 分 46 秒，感觉就像是两三分钟！这就是时间偏差。150% 的时间偏差！况且我了解时间，我了解电视，我经常演讲！想想看，对于不怎么演讲的人来说，其感受这种时间偏差的程度会有多大。

---

① 怎样组织清晰严谨、触动人心的演讲内容，怎样设计简洁明了、有记忆点的幻灯片，怎样在表达时充满信心、游刃有余……魏斯曼在《魏斯曼的演讲大师课 1：说的艺术》中探讨了如上话题。该书中文简体字版已由湛庐引进，四川人民出版社 2020 年出版。——编者注

肾上腺素对肢体语言的影响

现在，让我们来看看肾上腺素是怎样影响肢体语言的。

当四条腿的动物感受到危险迫近时，它会惊慌地逃跑，这是“逃跑反应”；当其被困在洞穴中无法逃跑时，它会用爪子猛击来犯者，这是“战斗反应”。动物还会护住它的下腹部，因为那是一个脆弱的部位，包裹着身体的重要器官。

当两条腿的动物感受到危险迫近时，会本能地拔腿就跑，这是“逃跑反应”；或者挥舞双拳，这是“战斗反应”。

当两条腿的演讲者面临一个令人生畏的任务，即站在听众面前，毫无遮蔽地接受就算不是成百上千道，至少也有几十道全然注视的目光时，他会做出“逃跑反应”：像一只笼中之虎那样在台上来回踱步。

他可能也会双腿抖动，像马克·吐温第一次在公众面前讲话时一样。马克·吐温，这位伟大的美国幽默大师在成为著名的演讲大师之后，曾经描述过自己最初的演讲经历：“我的膝盖在发抖，我都不知道自己能否站得住。如果世界上有种最讨厌、最令人畏惧的‘疾病’，它肯定是‘怯场’。”

当两条腿的演讲者被麦克风、电脑、演讲台，以及满怀期待的听众“困住”而无法“逃脱”时，他的反应是用四肢保护自己脆弱的腹部。

- 双手向前紧扣在腰部下方（“遮羞布”）。
- 双手背在身后（“背后遮羞布”）。
- 双手向前紧扣在腰部上方。
- 半扣（左手防御性地压在一旁，右手做手势）。

- 反向半扣（右手做手势，左手防御性地压在一旁）。
- 一只手或双手深深插在裤子口袋里。
- 双手紧握，仿佛在祈祷。
- 双手像麦克白夫人那样搓来搓去。[①]
- 双手握成杯状，一只手的手指紧张地旋转另一只手上的戒指。
- 双手手指做翻线绳游戏的动作。
- 双手手指的指尖组成圆锥形，这被称为“在镜子上做俯卧撑的蝴蝶”。

所有这些动作的共同点是，大臂紧紧夹住身体的侧面，小臂和双手所处的位置使它们可以迅速向下保护身体的脆弱部位。于是，双肘紧贴身体两侧，就像被魔术贴粘住那样。所有这些姿势有一个共同的名称：包裹身体（如图 3-1 所示）。

图 3-1　包裹身体

资料来源：里奇·霍尔（Rich Hall）。

① 在《麦克白》中，麦克白夫人的“搓手”行为反映了她想洗清自身罪恶的焦灼心理。——编者注

在著名好莱坞电影《爱尔兰人》(*The Irishman*)中，罗伯特·德尼罗(Robert De Niro)演绎了一个黑帮大佬从30多岁到80多岁的人生。影片拍摄时，德尼罗已经76岁，但凭借一项新的特效技术，他的脸看起来比早些年还要年轻。然而，如一些评论家所观察到的那样，他真实的身体与虚拟的数字脸庞并不匹配。其中一位评论家说："即使面部看上去是有些奇妙的效果，但我还是看到了76岁的罗伯特·德尼罗。"

《纽约时报》(*The New York Times*)的评论家特别指出了电影中的一个场景，年轻版的黑帮大佬正在袭击一名受害者：

> 像他这个年龄的任何人一样，德尼罗的动作会优先考虑稳定性：他的双肘保护性地夹在肋骨附近，双脚僵硬地站立着，这让他的重心不受干扰。

在这场暴力冲突中，这名失去肌肉量和灵活性的老人变得很戒备，他试图保持直立，并用手臂包裹身体。

演讲者行为与听众感受的关系

对于前面所有那些做出无意识动作的演讲者，听众的感受是这样的：

- **眼睛。**眼球的快速转动显得演讲者不真诚或者鬼鬼祟祟。
- **表情。**压力之下，表情僵化，使演讲者看起来与内容脱节、与听众割裂。
- **头部。**晃来晃去，没人会觉得演讲者是在对自己说话，并且还让人感觉演讲者很冷漠。
- **姿势。**包裹身体会使演讲者身体的重心转移到一侧或另一侧臀部，使演讲者显得懒散。

- **双手和双臂。**包裹身体会使身体紧缩，向内收起，显得演讲者很有戒备心或防御性。

此外，包裹身体时，手臂会压住胸腔，限制了肺部的氧气供应，从而影响到演讲者声音的两个方面：

- **音量。**音量低听起来太柔弱。
- **音调。**音调变化范围太小，听起来单调乏味。

时间偏差还会影响声音的另外两个方面：

- **节奏。**语速加快，使演讲者听上去很慌张或烦躁。
- **叙述模式。**语言平铺直叙，让听众很难抓取所讲的观点，演讲变成了数据传输。

平铺直叙也会使演讲者失去思路并失去表达上的抑扬顿挫感，从而出现：

- **语气词。**当“呃”和“嗯”反复出现时，听众会觉得演讲者没有底气。

演讲者的消极行为会让听众产生消极感受。表 3-1 总结了演讲者消极行为的消极影响。

重申一下引言中提到的肾上腺素悖论：这一使生物能够在野外生存的规则，却在演讲的环境中失灵或使人颤抖。

表 3-1　演讲者的消极行为与听众的消极感受

因素	演讲者的消极行为	听众的消极感受
眼睛	快速转动	不真诚或鬼鬼祟祟
表情	僵化	脱节、割裂
头部	晃来晃去	冷淡
姿势	歪斜	懒散
双手和双臂	包裹身体	戒备、防御
音量	低	柔弱
音调	变化小	单调乏味
节奏	快	慌张或烦躁
叙述模式	平铺直叙	数据传输
语气词	反复出现	没有底气

过分关注自我

让我们回到演讲开始时的那个关键时刻。听众就座并安静下来，演讲者成为大家关注的重点。那一刻，演讲者突然想："哎呀！他们都在看着我！我要好好表现！最好别搞砸了！"

这就是"哎呀时刻"，是所有那些强大的力量在你的身体和头脑中涌动的那一刻。但是在"哎呀时刻"之前还有许多其他时刻，最早可以追溯到另一个重要的时刻：你知道了高风险演讲的日期和确定时刻。

在时间一点点走向那个日期的过程中，你会想："我究竟有没有时间完成它？"你开始了高强度的工作，并突然由此对自己产生了很高的期待，直到来到"哎呀时刻"。然后，现场听众的出现令你的肾上腺素飙升得更猛烈了。那该怎么办呢？

把你的预期扼杀在萌芽中，认真准备你的内容以减少焦虑。这就是下一章的主题。

TIPS

魏斯曼完美演讲

当演讲者站在听众面前时，由于“战斗—逃跑反应”，身体会突然释放大量的肾上腺素，引发包裹身体等生存行为。演讲者可以通过认真准备演讲内容、避免过分关注自我来减少焦虑。

THE POWER PRESENT

第 4 章

准备高质量演讲内容的方法

> 我向一个人打听时间，他却告诉我怎样制作钟表。
>
> ——交际中常见的怨言

杰夫·雷克斯（Jeff Raikes）的职业生涯漫长而成绩杰出。他曾担任比尔及梅琳达·盖茨基金会的 CEO 近 6 年，在此之前，他在微软公司工作了 27 年，是公司的主要高管之一，其中大部分时间担任微软商务软件部总裁。现在，他是雷克斯基金会的联合创始人之一，该基金会的使命是帮助年轻人发挥他们的全部潜力。

在早期的微软工作生涯中，雷克斯接到过一项非常重要的任务：在产品发布会上推出一款名为“笔视窗”（Windows for Pen Computing）的新产品。微软的公关代理机构万卓环球（Waggener Edstrom）的一位客户主管打电话给我，让我指导年轻的经理雷克斯准备他的发布会。我推荐了一个为期 3 天的课程，涵盖了从内容准备到幻灯片设计、表达技巧，以及如何应对棘手的问题等内容。客户主管说：“我们只能给你一天时间。”

那一天，我们所做的就是打造、组织雷克斯要讲的内容和排练。然后雷克斯就去做他的演讲了。

后来，那位客户主管给我打电话，称赞雷克斯在发布会上的表现，说雷克斯表现得非常镇定和自信。不过，在我们相处的那一天里，我从来没有提到过该如何展现自己的肢体语言和声音。雷克斯清晰的思维让他可以自如地带着信心去演讲，他对演讲内容的掌握控制了肾上腺素的激增。

运用辅助工具不一定有好效果

雷克斯的经历并非典型。大多数商务人士在面对演讲的挑战时，经常借用幻灯片、讲稿、提词器等辅助工具来讲述内容。正如《纽约客》的一篇文章所写："面对恐惧，幻灯片可以成为一种令人印象深刻的解药，它将对公众演讲的恐惧转化为制作幻灯片的乐趣……而且能使人安心。"

辅助工具对内容的帮助就是让演讲者知道该讲什么，而有时这反而把演讲者送进了死胡同，因为大多数情况下这些工具都是行不通的。

幻 灯 片

商业世界中有一种普遍的信念：幻灯片即内容，所以每一张幻灯片都充满了详尽的废话和无所不包的数据。这种被误导的信念会导致一系列被误导的实践，使演讲陷入恶性循环：

- 内容丰富的幻灯片在演讲期间被用作演示材料，还在演讲前、演讲中或演讲后被用作文档分发，就像"买一赠一"。但很遗憾，演示材料和文档通过这种方式无法被区分开来。
- 如果只是将已有的幻灯片随机"洗牌"再连接起来，虽然幻灯片的各部分之间都有逻辑关系，但没有全局思维。

- 当演讲者在演讲中过于依赖屏幕，背对听众，逐字逐句地念出密密麻麻、杂乱无章的内容时，听众会感到演讲者既离题、又傲慢。
- 听众迷惑不解，百无聊赖，或者坐立难安，当演讲者看到听众表现出上述的任何一种反应时，演讲者的焦虑都会加剧，这也始于他们最初对内容不顾一切的追求。

讲　稿

有些演讲者会设法把内容逐字逐句地呈现在听众面前，但这种看似令人心安的辅助措施有双重缺点：

- **演讲者的表达。**为了读取内容，演讲者的目光必须反复回到讲稿上，这破坏了与听众的互动。另外，由于演讲者直接对着讲稿发声，所以他们的声音听起来会很沉闷。
- **听众的感受。**听众感到演讲者对这个主题缺少准备或认知不足。

这里有一个案例，说明机械读稿对一名优秀的演讲者会有什么影响。埃文·奥斯诺斯（Evan Osnos）是《纽约客》的特约撰稿人，经常出现在有线电视和广播电视上。作为以《野心时代》（*Age of Ambition*）一书荣获美国国家图书奖的作者，他经常在华盛顿一家知名演讲机构的策划下做巡回演讲。奥斯诺斯总是谈吐流畅，没有讲稿傍身。在华盛顿一家书店宣传他的书时，奥斯诺斯一再与现场听众互动，热情而自信。

然而，在另一次活动中，一个不同版本的奥斯诺斯出现了。在开场白和固定的致意环节中，他脱稿演讲，依然展现出亲切而生动的视觉形象，就像之前在电视上和书店里那样。但是当他开始念自己准备好的讲稿时，他的目光对着演讲台的讲稿，声音也被讲稿所束缚。尽管通过一个固定好的麦克风，他的音量可以保持不变，但他的语调还是显得平淡。尽管他不时地抬头，表现出的还是那个亲切而生动的形象，但此时他的讲稿变成了一种障碍，而不是帮助。

提 词 器

提词器（也称“自动提词机”）是一种复杂的技术系统，它由透明屏幕、镜面和一台电脑组成，可以在演讲者的视线范围内实时滚动讲稿图像，而听众则看不见。使用这个复杂而昂贵的系统需要经过认真的准备和大量的练习，否则演讲者看上去会显得呆板。

提词器的主要使用者分为两类，两类人使用这一辅助设备的原因不同：

- **表演者和新闻广播员。**他们的言语必须与其他制作元素精准同步，如视频短片、外景拍摄地、其他发言者，以及插播的广告等。对于这类使用者来说，在摄像头前方安装一个透明的提词器屏幕，可以使他们在阅读文本的时候仍然直视镜头以及镜头另一端的听众。
- **政府官员和政治家。**他们的叙述通常涉及敏感的政策或法律问题，需要提前准备好经过认真审查的文本和经过认真审核的立场声明。对于这类使用者来说，在演讲台两侧的细杆上安装两块透明的屏幕，可以使演讲者在两块屏幕之间来回移动时也能看清文字，并且看起来依然是面对听众的。

但提词器是一种机械装置，和其他所有机械装置一样，遵循墨菲定律：凡是可能出错的都会出错。

迈克尔·贝（Michael Bay）是好莱坞制片人兼导演，他执导的动作片《变形金刚》（*Transformers*）、《世界末日》（*Armageddon*）、《绝地战警》（*Bad Boys*）共获得了94亿美元的票房。影片为他赢得了多个行业奖项，这让他时常要从镜头背后走出来，面对听众发表获奖感言。

当韩国某企业计划在拉斯维加斯一场盛大的消费电子产品展览会上推出新的“变形”曲面显示屏时，迈克尔成为助力该新品发布的人选。然而，在众多听众面前借助多媒体发表讲话的过程中，他的提词器死机了，他也“死机”了。过了一会儿，他说：“抱歉，对不起，对不起。”然后转身跑下舞台。后来他在博客里写道：

> 我发言时太激动，漏掉了对执行副总裁的介绍，于是提词器就失灵了。然后提词器里的内容上下跳动，接着我就走开了。我想我并不适合现场表演。

有备才能无患：使用提词器，风险自担。

舒适显示器

像行业会议和贸易展览这样的“大帐篷”展会或大规模活动，使用的是一种名为“舒适显示器”（Comfort Monitors）的变体提词器。通过舒适显示，演讲内容被简化为幻灯片上的条目，投射在舞台底部的大型液晶显示器上。通过这种方式，演讲者可以短暂地朝下看一眼提示，然后用大部分时间来看向上方或前方，与听众互动。

玛丽安娜·帕斯卡尔（Marianna Pascal）花了20年的时间教授数千名东南亚人学说英语，她在TEDx演讲中讲述了自己独特的语言学习方法。她站在一个小舞台上，面前约3米外有一对舒适显示器，在演讲时，她只是偶尔朝下看一眼提示，大部分时间都在注视着听众，热情地与他们互动。

特利欧公司的 CEO 杰夫·劳森是该公司年度客户和开发者大会的主讲人。大会召开地点在圣弗朗西斯科莫斯克尼会议中心巨大的主厅，现场听众超过 3 000 人，还有数千人通过观看直播参与大会。在大会现场，3 面庞大的投影屏横跨在一个宽阔的舞台上，展示着劳森所做的幻灯片上的巨幅照片，以及生动的图片和视频。劳森也使用了舒适显示器，不过他把显示器放置得更远，让自己可以自由地从舞台一边阔步走向另一边，与任何位置上的听众互动。他的走动带来了在场听众热情的回应。

智能隐形眼镜

硅谷一家名为莫乔视觉（Mojo Vision）的公司正在开发一款智能隐形眼镜，佩戴者可以通过这款隐形眼镜使用多种应用程序，包括日历、天气、音乐和一款能够辅助演讲的应用程序。

《连线》（*Wired*）记者朱利安·乔卡图（Julian Chokkattu）描述了这款智能隐形眼镜的使用过程：

> 只用眼睛，我就打开了一篇预先写好的讲稿，讲稿内容在眼前滚动，然后我就只需大声地将内容读出来。单是这款应用程序就提供了无数可能性……如果你在拍摄视频，可能就不需要拍摄很多次了，因为讲稿就在你眼睛前方的正中央。谁还需要提词器？

不过，这款智能隐形眼镜仍然处于测试阶段。这意味着你需要一种更有效的方式来为你的演讲内容做准备。让我为你介绍一下我在杰夫·雷克斯身上使用的方法吧。

优化内容的 5 个步骤

在《魏斯曼的演讲大师课 1：说的艺术》中，我以我在哥伦比亚广播公司的工作经验，全面地总结出了准备演讲内容的 10 个步骤。其中 5 个步骤与表达技巧有关，有助于优化你的演讲内容。

1. 用 SUASIVE 框架表设定界限

每一项运动，人们都为它的活动场地设定了界限，这一步对于演讲而言也是必要的。如果没有这些界限，所有的内容就会逐渐混杂在一起，令听众对演讲内容感到困惑。

首先，你需要准备一个空白的框架表，就像画家在一幅空白的画布上开始作画一样。你需要白板一块或白纸一张。

然后，在框架表的左边确定你演讲的目的、目标，这被称为“B 点”。而当你的听众进入房间时，假设他们处于 A 点，此处的听众内心是一片空白。你的任务是向他们提供理由和证据，把他们从 A 点转移到 B 点，这个过程就是“说服”的本质。B 点是你的目的和终极目标。

最后，在框架表的右边分析你的目标听众：他们是谁？他们知道什么？为了响应你的行动纲领，他们需要知道什么？分析的一个重要作用是确定听众的利益。

为了确定这些利益，让我向你介绍一下“维惠”（WIIFY®）的概念。它是句子“What’s in it for you”（“它对你有什么好处”）的首字母缩写，是一个更常见的句子“What’s in it for me”（“它对我有什么好处”）的变体。从“我”到“你”的转变，确认了利益的正确接受者。

例如，我想说服你购买我的产品，而不是竞争对手的产品，我就会首先描述自家产品的所有特点。然后我会说："对你有利的是，在我这里，你会得到同样的结果，但是更好、更快、更便宜。"最后的三个形容词就意味着利益，就是"维惠"。

"你"是一个非常有力的字。如果你在网上搜索，会发现一项被引用过近 900 万次的来自耶鲁大学的调查，它列出了英语中最具说服力的 12 个单词，其中"你"（You）排在第一位。尽管这项研究并未被耶鲁大学证实，但像互联网上的许多数据一样，它以充分的理由确定了它自己存在的意义。你在接下来的章节中会看到，在演讲中加入"你"，还有其他好处。

"维惠"是说服工作的核心。尽可能多地列出"维惠"，它们是让你的听众从他们的 A 点转移到你的 B 点所需要的理由。当你用相关信息填满 SUASIVE 框架表（如图 4-1 所示）内的每一边时，就确定了演讲内容的范围和背景。建立好框架之后，现在，你可以继续准备你的支撑论点了。

图 4-1 SUASIVE 框架表

2. 头脑风暴所有的潜在想法

针对特定目标听众设定好特定演讲内容的界限之后，现在你需要提出论点（想法）来支撑演讲内容。一些想法开始在你的脑海中涌现并且活蹦乱跳。想法本来就是这样的，若要处理这些乱象，重要的是能够以客观、全面的视角看待这些想法，将它们从你的脑海中释放出来，放到一个可视的表面上，让你可以客观地审视它们。在哥伦比亚广播公司的内容准备会上，我们会把想法写在一张约 7.6 × 12.4 厘米的索引卡上，然后把索引卡用图钉固定在软木板墙上。你可以把想法写在便利贴、便签本、电脑、白板或电子白板上。

这个过程的目的是列出所有你有可能讨论的想法，这样就可以对每个想法进行评估，然后决定是选择或放弃，就像把小麦从谷壳中分离出来一样。对你所有的想法进行头脑风暴，找出最重要的，就像艺术家在把颜料涂到画布上之前，会先在调色板上进行试验一样。

大多数演讲者在匆忙完成工作的过程中会略过头脑风暴的环节，直接跳到排序的环节，而这一环节在很多时候是通过调整幻灯片顺序完成的。这样的结果就是一连串的首尾相接，幻灯片一张接一张，但没有连贯的逻辑顺序。这是因为这种排序方法忽略了演讲者在头脑中大量翻涌的各种想法。而如果先进了头脑风暴，头脑风暴可以任由这些想法发展，然后再尝试套入一种逻辑顺序。你可以先在 SUASIVE 框架表的中心写下你所有随机产生的想法，如图 4-2 所示。

现在，你已经列出了大部分的想法，准备好厘清混乱了。

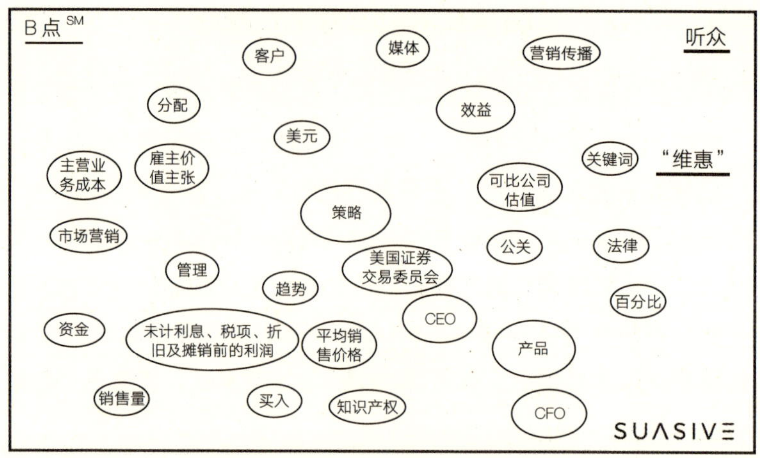

图 4-2　在 SUASIVE 框架表中列出想法

3. 提炼出最多 6 个关键想法

从图 4-2 的 SUASIVE 框架表中找出那些随机想法之间的关联。与此同时，把有关联的想法用线连接起来，如图 4-3 所示。

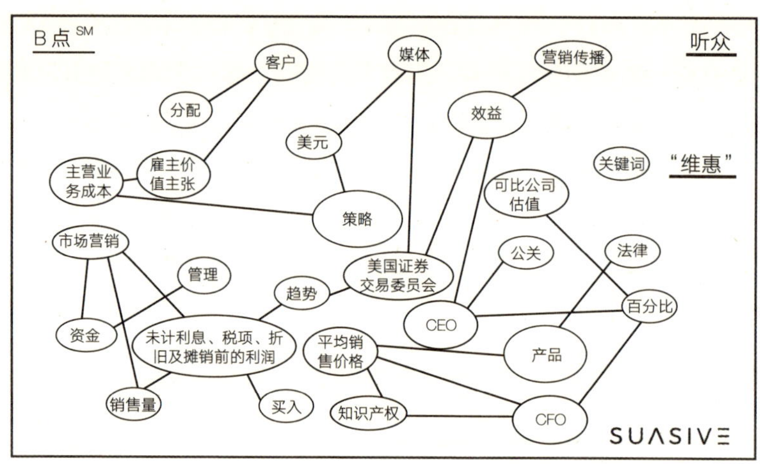

图 4-3　在 SUASIVE 框架表中把想法连接起来

最初，所有这些连接看起来就像一张布线图，但继续往下看，你就会发现它们可以提炼成一个个围绕中心主题的想法集群，如图 4-4 所示。

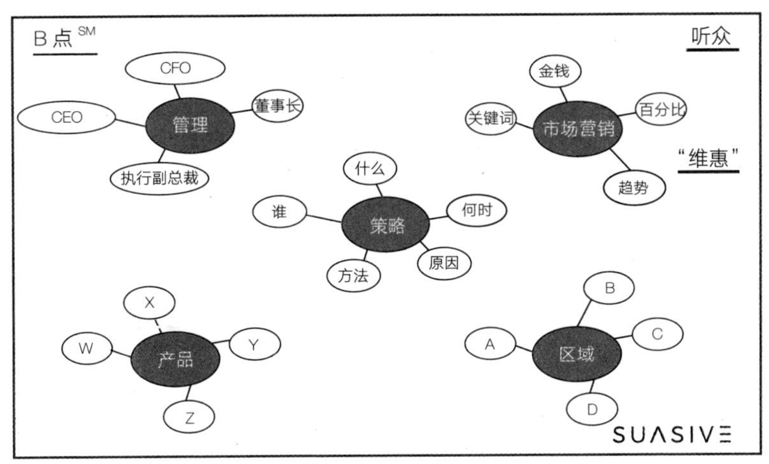

图 4-4　在 SUASIVE 框架表中提炼想法集群

这一个个集群也可以被称为“母与子”“桶”“柱子”“主题”，或者“罗马柱”。

如果你现在去罗马参观著名的古罗马广场遗址，你的导游很可能会向你描述公元 10 世纪左右古罗马帝国鼎盛时期的样子。导游也很可能谈到古罗马伟大的参议员和演说家马库斯·图利乌斯·西塞罗（Marcus Tullius Cicero），他和他的同伴曾在古罗马广场上不依靠任何讲稿连续讲了几个小时。那时候纸张还没有被发明出来，为了让自己记住要说的内容，演说家会用广场上宏伟的大理石柱作为记忆提示。在大步地走来走去并进行雄辩的过程中，他们会停在某个石柱前论述自己的观点。每根石柱上都写有一组次要观点或相关想法的要点。

“罗马柱”方法的践行者之一威尔·普尔（Will Poole）曾是微软公司无限潜力（Unlimited Potential）部门的联合主管，现为一家全球性投资公司的执行合伙人和联合创始人。在一次印度之旅中，他遇到了另一位“罗马柱”

方法的践行者，即他的导游。普尔描述了他在参观一座寺庙时发生的一件事，他问导游：“刚刚离开的寺庙面积有多大？”导游说他自己也答不上来，除非再回到那里。

这一步骤在涉及演讲时，不是为了帮助你记住演讲内容（永远不要这样做，你将在第 5 步认识到这一点），而是为了把你许多随机的想法提炼成一些筛选过的主要观点。这样，你的精神负担将被减轻，进而减少肾上腺素激增带来的负担。

尽量将“罗马柱”的总数控制在 6 个以内，超过 6 个就太复杂了。但“罗马柱”最少要有 2 个，否则内容就没有什么层次。大多数演讲通常包含 3 ～ 5 个“罗马柱”。

现在，就是现在，你准备好逻辑排序了。大多数演讲者就是从这个步骤开始整理幻灯片的。

4. 将关键想法结构化

只需要考虑 3 个、4 个或 5 个“罗马柱”，排序的任务就大大地简化了。你可以对想法集群轻松地进行不同的尝试，当移动“母节点”时，“子节点”随之而动。

最终，你必须确定最符合逻辑的顺序，以便让你的听众听懂，也便于你了解自己要怎么演讲。把“罗马柱”安排到总体路线图中，你可以收获的好处是给你的各部分内容安排一个有意义、有序的顺序。职业作家，尤其是小说家、剧作家和编剧，将其称为“故事线”。你可以将自己的“罗马柱”纳入一个被称为“叙述结构”的逻辑模板中，以此为你的演讲理出一条“线”。《魏斯曼的演讲大师课 1：说的艺术》列出了 16 种不同的叙述结构，你只需为你的演讲选择 1 ～ 2 种。最常见的 3 种是：

- **历时型。**沿着时间轴记录你的内容：过去、现在和未来；昨天、今天和明天；一年又一年。
- **数字榜单型。**把你所有的“罗马柱”组合起来，给每个“罗马柱”分配一个确定的数字。这就像史蒂芬·柯维（Stephen Covey）在他的《高效能人士的七个习惯》（*Seven Habits of Highly Effective People*）中所做的那样，或者像许多印刷行业和数字出版商的“十佳”“七大”等榜单那样。然后，当谈论到每个“罗马柱”时，你就可以为你的听众盘点一番。
- **问题—解决型。**先描述一个问题，然后讲述你的公司所提供的解决方案。

本章是两种叙述结构的组合：历时型（内容准备过程的时间进程）和数字榜单型（5 个步骤）。整本书的结构是问题（肾上腺素激增）—解决型（所有技巧都是为了减少肾上腺素激增带来的负面影响）。

在第 2 章中，你读到过史蒂夫·乔布斯和他那令人印象深刻的苹果手机发布会演讲。为了方便理解，我把内容重复一遍：

> 今天，我们将介绍这一代的三个革命性产品。
>
> 第一个是可触控的宽屏苹果多媒体播放设备。
>
> 第二个是革命性的手机。
>
> 第三个是突破性的互联网通信设备。
>
> 所以，三个产品：可触控的宽屏苹果多媒体播放设备、革命性的手机，以及突破性的互联网通信设备。
>
> 一部苹果多媒体播放设备、一部手机、一部互联网通信设备。一部苹果多媒体播放设备、一部手机……你是不是听懂了？

这不是三个独立的设备，这是一个设备，我们把它称为“苹果手机”。

今天……苹果将重新定义手机，它来了。

他的叙述结构是数字榜单型（三合一产品）。另外，乔布斯明确地阐明了他的B点：“苹果将重新定义手机。”

5. 通过“语言化”修饰和润色内容

虽然设定界限、头脑风暴、提炼和结构化关键想法会让你的思维清晰，就像微软的杰夫·雷克斯那样，但这只是基础。你可以通过一种叫作“语言化”（Verbalization）的实践技巧来获得更轻松的心境。这种有用的方法简单来说就是，当你排练时，大声地说出演讲的具体内容，就像在你的目标听众面前所做的那样。

“语言化”能把想法具体化。在日常的人际交往中，无论是私人事项还是商务上的商谈事项，我们经常会寻求面对面的交谈。商人或外交官会反复谈判，直到与对方达成双赢的协议；人们在互联网上也可以对话；职业作家经常大声朗读自己的作品，自己听一下，感觉一下作品如何。“语言化”总是很有效果。

然而，由于一些难以解释的原因，许多演讲者不愿去做“语言化”的尝试。他们觉得无聊、乏味或是浪费时间，把这种最有用的技巧之一变成了一直未被充分利用的技巧之一。这样一来，他们就失去了掌控内容的绝佳机会。大多数人都愿意像运动员那样忍受重复而乏味的身体训练，来打造力量和技能，“语言化”在思想层面上是与之等同的：打造你的思维力量和表达技能。

这并不是说你应该将内容语言化到背诵的程度。对于莎士比亚和其他职业作家的那些不朽的作品来说，背诵是合适的，但在演讲中就没有必要了。实际上，死记硬背可能适得其反。如果你记住了特定的词句，而后却在演讲中漏掉了一个词，你就会失去整个内容的线索。绝对不要背诵，只需“语言化”，直到自己获得了一种强烈的流畅感。

我践行着我的思想。作为一名专业演讲教练，每次我演讲时，都会使用自己准备并表达了 30 多年的内容。我不会为了日常的会议“语言化”我的内容，但当我为特别活动加入了新材料或者创建了新内容时，通常会将其“语言化”20 多遍。

在一次投资银行会议上，我受邀做一次主题演讲。为此，我按照上述步骤进行了多次“语言化”。这很奏效，演讲进行得完美无缺。然而，演讲结束后，我需要为一段宣传视频录制片段，内容只有十几个很短的摘录，且都是从相当熟悉的材料中选取的，但我没有“语言化”这些摘录。由于脱离语境，我在录制时磕磕巴巴，但幸运的是，视频编辑很仁慈，只保留了好的镜头。我汲取了教训，从那以后，在面对任何新情况时，都要预先“语言化”很多次。

重温一下橄榄球教练文斯·隆巴尔迪的建议：“熟能生巧，唯有熟能生巧。”如果你花足够多的时间去准备、组织和“语言化”你的内容，你的演讲会更加“给力”。

优化内容的 5 个步骤

1. 用 SUASIVE 框架表设定界限。
2. 头脑风暴所有的潜在想法。
3. 提炼出最多 6 个关键想法。
4. 将关键想法结构化。
5. 通过“语言化”修饰和润色内容。

这 5 个步骤是帮你优化内容的正确工具，它们比幻灯片（你将在第 11 章中看到，幻灯片应当只用于对你的论述进行提示）、讲稿文本、提词器、舒适显示器和智能隐形眼镜要好用得多。它们处理的是你脑中的想法，而不是外部因素。它们为杰夫·雷克斯服务，为我服务，也能够为你服务，让你在演讲时轻装上阵。

现在你准备好面对听众了吗？当你走向演讲台时，必须有正确的心态，一种被体育教练称为“我能行！”的积极心态（Positive Mental Attitude，PMA）。在下一章中，你会学到如何在演讲时拥有积极的心态。

TIPS

魏斯曼完美演讲

在准备演讲内容时，运用大量的辅助工具不一定有好的效果。有效的方法是利用“优化内容的 5 个步骤”处理你脑中的想法，让你在演讲时轻装上阵。

THE POWER
PRESENT

第 5 章

用思想控制身体

> 健全的心智，健康的身体。
>
> ——尤维纳利斯（Juvenal）
>
> 《讽刺诗之十》（*Satire X*）

在人类体验的每一项活动中，我们对思想的控制都是必不可少的。即使是休息放松，你也需要清除头脑中的杂念，专注于一个宁静的画面。

思想在体育、舞蹈和戏剧等形体表演中也扮演着重要的角色。事实上，在20世纪，一种被称为“体验派”的表演形式颠覆了戏剧行业，打破了强调声音表现和身体动作表现的传统，转而专注于思考。也正是这场变革，激发了我打破强调声音和肢体语言的传统演讲训练方式，转而专注于思想。

体验派的形成以著名的莫斯科艺术剧院担任导演的康斯坦丁·斯坦尼斯拉夫斯基的先锋思想为基础。他的名作《演员的自我修养》影响了一个名为“群剧场”（Group Theatre）的纽约艺术家团体及其分支“演员工作室”（Actors Studio）。正如人们所知道的那样，这个工作室继续对体验派加以发展，并在演艺界传播其理论。在这个过程中，工作室孕育了大批杰出人物，包括马龙·白兰度、保罗·纽曼、詹姆斯·迪恩、玛丽莲·梦露。

简单来说，体验派摒弃了长期以来建立的以动作表演来表达情感的戏剧实践，而是反过来让情感驱动动作。为了达到这个目的，体验派演员专注地去回忆自己现实生活中的事件和感受，从而演绎出角色真实的表现。

然而，你读这本书并不是为了学会如何成为别人，而且你也不太可能追求发展演艺事业（除了在你的社区剧团表演时），所以让我们转向“体育”这个大家更熟悉的领域，看一看专注是怎样起作用的。想一想在你选择参与的体育运动中，专注度有多么重要。思想是用来控制身体的。

当你站在听众面前演讲时所用的，和你在运动时所用的是同一个思想和身体。因此，你应该用自己的思想来控制身体的表达系统，用你的专注来控制肾上腺素的激增，从而成功地传达你的信息。

思想—身体关联

在古罗马诗人尤维纳利斯所处时代之后的两千年里，我们已经意识到思想对身体的影响力。在运动中，专注比训练和肌肉量、营养、水分或耐力更重要。

高尔夫球、网球、游泳、篮球、自行车、足球、滑雪、跑步等，在凡是你能说得出的运动中，专注都是关键。在马拉松比赛中，参赛者会遇到所谓的“墙”，那时他们会感到精疲力竭，无法再迈出一步。这种现象出现在赛程大约 37 千米的地方，成功的参赛者能够迈出下一步，闯过这堵“墙”并完成比赛，而他们靠的完全是精神上的意志力。电解质饮料、能量棒或一包蜂蜜不会推动他们前进，只有思想会。

想一想滑雪。为了产生预期效果，滑雪者必须持续保持住自身与斜坡的正确角度。这一点对我来说清晰得不可磨灭。那是多年前一个寒冷而晴朗的一月，在佛蒙特州，我一整天都在痛快地滑雪，正准备最后一次滑下山坡。我既兴奋又疲惫，滑到山脚下时，轻松地进入最后一个转弯处。随着我的注意力从滑雪板上移开，我重心后仰，一只滑雪板撞上了雪堆。就在那一瞬间，我的左膝内侧副韧带撕裂，我的滑雪生涯永远地结束了。

思想控制着滑雪板、球拍、球杆、球、球棒、船桨、冰鞋、佩剑、哑铃、冲浪板、自行车，并操纵着我们的身体。好胜的运动员完全明白和重视这种“思想—身体关联”，他们追求所谓的“心静”，或者追求体育教练所说的“最佳状态”，即身心效率获得巅峰表现的状态。为了提升状态，职业选手，甚至是业余选手都会花费大量的时间和精力来寻找解决方法：

- **提高标准。**为了提高专注度，有些棒球运动员会在击球练习时使用直径只有标准球棒一半的球棒。有些橄榄球运动员会练习把球扔过悬挂在半空中并晃动着的橡胶轮胎。提高难度标准会使这些运动员把精力集中于核心因素：球。
- **可视化。**许多运动员会尝试在脑海中想象他们努力之后获得成功的画面，如自己冲过终点线或球越过球门线。他们还会想象着球踢 / 投向想让它去的地方，或者看到自己的箭射中靶心。
- **神经反射。**将监测脑电波的电极固定在运动员的头上，让他们可以在屏幕上看到自己的脑电波图像，并尝试通过专注来控制波峰。这种医疗技术通常用于治疗癫痫和注意缺陷多动障碍，如今在运动员身上也得到了利用。
- **冥想。**在网上搜索“运动中的冥想”，可以得到约 2.44 亿条结果。在这个变幻无常的 21 世纪，冥想本身已经成为一种产业。《华尔街日报》上有一篇关于该产业的文章，称它“价值 12 亿美元并在不断增长”，而且该领域最热门的两个应用程序的下载量均已超过 3 800 万次。微软联合创始人比尔·盖茨在他的个人博客《盖茨笔记》(*Gates Notes*)上介绍说，他最喜欢的书籍之一就是《冥想正念手册》(*The Headspace Guide to Meditation and Mindfulness*)。

- **心理咨询。**鲍勃·罗特拉（Bob Rotella）是美国心理学协会的重要分会“47区”的一名运动心理学家，该分会有约1 000名成员。他作为多位超级体育明星、娱乐明星和高管的私人教练享有非凡的声望。他专注于研究思想在体育活动中所发挥的作用。
- **内心游戏。**罗特拉和我一样，很大程度上要感谢网球教练提摩西·加尔韦（Timothy Gallwey）的开创性著作《身心合一的奇迹力量》(*The Inner Game of Tennis*)，这本畅销书从本质上奠定了运动心理学的基础。

运动的关键是专注于身体之外。想一想滑雪时的山，航海时的风，冲浪时的浪，赛车时的路；想一想网球、高尔夫球、排球、足球、棒球和篮球中的球。

在演讲中，关键在于跳出你的思维，去为听众着想，用思想控制身体。

为了示范如何实现这种转变，让我们回顾一下“哎呀时刻”。当演讲者有了“哎呀！他们都在看着我！”“我正处于焦点之中！”等想法时，说明演讲者“只在乎你自己！”这些想法都是关于“我怎样做”的。

反过来做：踩下刹车，挂挡，紧急调头，改变你的心态。反过来想：“你怎样做？”即“听众怎样做？”把注意力从自己转移到听众身上。当你从下面的步骤中学会如何实现这个转变时，你的焦虑就会减轻，发表演讲时压力也会更小。

心理体验法

思考自己之外的事情，跳出你的身体，包括你的手、手臂、眼睛和声音，跳出你的演讲内容、幻灯片和思想。想你的听众，甚至从更细微的层面出发，想一个人，想听众中的每一个人，一次想一个。这就是“心理体验法”（The Mental Method）的第一步“一对一交谈”。

1. 选定一个人，开始“一对一交谈”

让我们回到前文提出的问题：说话这种最平常的行为，多数人每天都能轻松完成，为什么一旦站在一群听众面前时就变得恐惧了呢？现在我们知道，原因是肾上腺素激增引起的“战斗—逃跑反应”，解决方案是重建一种对话模式，一种让多数人都感到非常舒服的模式。

回忆一下第 2 章的内容，乔布斯若无其事地走上讲台，一开始只是与听众随意聊天，然后他突然进入主讲人的角色。每时每刻，每一句话、每个动作都经过了精心的策划，而聊天的目的是在向听众推销产品之前，先与他们建立亲密的关系。乔布斯把他赋予苹果产品的外科手术般的严谨也带入每一次演讲之中，关注细节的乔布斯完全明白善于对话的价值所在。

你可以这样做：当你走到房间前面演讲时，不管听众有多少，4 个、40 个、400 个，还是 4 000 个，你只选择一个人。选谁都行，在门口向你问好的人，你认识的人、不认识的人，一个友好的人，或者一个不友好的人。只选一个就行。

即时设定一个新的场景：想象一下当时只有你和那个人在场。那一刻，忽略房间里的其他人，让那个人成为你关注的对象。然后，就如同只有你们两人面对面坐在一张桌子前那样，发起一段对话。

你甚至可以像日常对话那样，从称呼那个人的名字开始，然后继续交流。当你们聊天的时候，你不需要展现自己，不需要调取记忆信息，你不是在自说自话，而是在互动、在交流，你在为那个和你聊天的人着想。你将自己转变成另一个人就像切换开关一样从容，用心感受一下那声“啪嗒”。

与一个人相处片刻之后，把注意力转移到下一个人身上，再发起一段对话。过一会儿，再转移到另一个人身上，发起另一段对话。自此，在房间里持续进行一系列的“一对一交谈”。

最成功的实践者

这种方式最成功的实践者之一是约翰·钱伯斯（John Chambers），他一直是思科的标志性人物，曾担任董事会主席和 CEO。他标志性的演讲风格是走下演讲台或舞台在听众席间踱步，每次只对一个人讲话。在拉斯维加斯那场盛大的消费电子产品展览会上发表主题演讲时，钱伯斯走下舞台，说道：“我们在大约 7 年前就思考过关于智能社区的问题……”

他朝左走过过道，对前排的一名听众说：“而在威尔姆·埃尔夫里克（Wilm Elfrink）的带领下，我们知道了这在未来将如何建设智能城市。”

他朝右走过过道，对前排的一名听众说：“但我们最初的想法是，如果你只做连接工作，就可以了。”

然后，他走向前排的另一名听众，对他说：“可那不奏效。你必须不仅做连接……”

接下来，他继续向前走，又对一名听众说：“你还必须让正确的数据……”

对另一个人说："传输到正确的设备上……"

再对另一个人说："在合适的时机……"

又对另一个人说："传送给正确的人或机器，令其能够做出正确决断。"

在消费电子产品展览会这样的"大帐篷"里，有多台摄像机追踪着钱伯斯的一举一动，从多角度投射在巨大的显示屏上，这让数千名听众可以一直关注他。

演讲者很少有机会做这样的"大帐篷"演讲，大多数演讲场合都更加私密，如会议室、高管会议中心或者商业会议空间等。投资银行会定期在酒店宴会厅举办会议，邀请同一商业领域内的多家公司分别在一些中小型的房间里进行展演，听众是二三十位在房间里来回走动的潜在投资者。

迈克·图钦（Mike Tuchen）是云集成公司拓蓝的CEO，有一次，他出席了在圣弗朗西斯科丽兹卡尔顿酒店举办的JMP证券技术会议。图钦站在一个小舞台的固定位置上，一个接一个地与听众进行了一系列的"一对一交谈"。

> 我们所生活的世界越来越多地受到数据的驱动。
> 在我们所处的世界里，胜负取决于人们如何利用自己的数据。
> 部分原因是，现在比过去有了更多可利用的数据。
> 现在我们有互联网和社交媒体，就像你们刚刚在隔壁听到的。
> 在物联网中，中央数据在崛起。
> 但更重要的并不是像各行各业那样拥有更多的数据，而是受数据的驱动，充满激情的竞争者正在涌现，他们正通过更有效地使用数据来改变竞争的局面。
> 所以我们有通用电气，它正在改变工业设备领域的游戏规则……

就在这时，一个人走进房间，朝前排的椅子走去。图钦认出了他，对他点头微笑，确认了两人“一对一”的关联。接着，图钦继续在房间里进行“一对一交谈”：

> 显然，亚马逊改变了零售行业的游戏规则，优步改变了交通出行的游戏规则，奈飞改变了娱乐的游戏规则。
>
> 所有这些的根本是，他们比原来的竞争者更有效地利用了数据，他们正在改变竞争局面。
>
> 所以，拓蓝是什么呢？是帮助人们利用数据的参与者。

把演讲变成交谈

把你的演讲变成交谈。为了习得这一点，我们分析了所有“一对一交谈”中的动态内容。在这样的交流中，双方会：

- 看着彼此。
- 利用双手和双臂表达自我。
- 借助声音变化断句。
- 通过提问和交流意见进行互动。

在演讲中，肾上腺素激增会导致上述每个动态内容的剧烈变化：

- 眼睛扫视房间，寻找逃跑线路。
- 双手和双臂进入包裹身体状态，肺部受到压缩，由于氧气供应减少导致声音变得压抑。
- 互动逐渐停止。

但互动真的会停止吗？如果看到听众席里有人对你会意地微笑，那是一种互动；如果看到有人对你皱眉，明显表现出不同见解，那是一种互动；如果看到有人对你做出一个疑惑的表情，那是一种互动；如果看到有人点头表示同意，那是一种互动。所以，你和听众之间的确是有互动的，只不过听众的互动突然从语言交流变为了非语言交流。

在那个关键时刻，你可以让那些非语言互动为你服务，由此进入心理体验法的下一个步骤。

2.“读懂”非语言反应

肾上腺素最初的激增使演讲者开始扫视听众席，但没有看向单独的某个人。一个更有效的技巧是找到一个人进行对话，并“读懂”他的非语言反应。足够久地盯着一个人，看他是否明白，如果那个人明白了，你会得到点头的反馈；如果那个人没有明白，你会得到表情疑惑或者皱眉的反馈。他们的肢体语言可能是积极的（警觉的）或消极的（颓然的）。不过，他们的点头通常属于积极的反馈。

如果你看到听众点头了，就会知道，那毫无疑问是积极的。点头基本上代表着那个人在说：“我明白了！”点头意味着每个演讲者目标的实现，也就是那个所谓“啊哈！”的愉悦时刻。

更棒的是，“点头”直指公众演讲恐惧的核心：它告诉你，你的“表演”（指你的演讲，而非演技）正在打动听众。就在那一刻，你的大脑意识到你的行为是奏效的，从而在潜意识里得出结论，认为“战斗”或“逃跑”都没有必要。这种意识会向你的肾上腺传递一个物理信号，从而迅速减少肾上腺素的分泌。

那一瞬间，生物体在野外生存的机制带来的反应，即双眼扫视、包裹身体、心跳加速、呼吸加重和神经突触快速放电，就这样减弱了。

卡莉·西蒙（Carly Simon）如今是一名畅销书作家，她在20世纪70年代还曾是著名的歌手和词曲作家。像其他许多职业艺人一样，西蒙女士也遭受过表演焦虑症的困扰，但她通过唤起听众反应，找到了自己的应对之策：

> 我会选定一个人，通常在前4排，然后直接对着那个人唱歌。那个人会感到很尴尬，并转向右边的人或者左边的人……我把焦点对准他，焦点就从我身上移开了。

西蒙的方法提供了一条与演讲有关的建议。为了减少对公众演讲的恐惧，你必须转移自己的注意力，不关心成败，而是想一想每个听众是否都听懂了你的内容。用演员的核心实践来阐释就是，你必须赢得全体听众。

通过“读懂”听众的反应，你已经与听众建立起看似缺失的互动，即便它是非语言的。演讲台之上的你，不再是孤独的。现在你可以通过回应你所观察到的反应来继续与听众互动。

现在，你已经为心理体验法的第三步做好准备了。

3. 根据非语言反应调整演讲内容

现在，你可以从消极的“哎呀时刻”，转向积极地对你所见的反应采取一些措施。你可以掌控自己的命运，用语言的方式来回应非语言反应。

- **用不同的方式来说。**“换句话说……”
- **解释术语。**“它的意思是……”
- **增加深度。**“另一种看待这个问题的方式是……”

- **解释缩略语。**“这代表……”
- **举例。**“比如，有一个这样的例子……”
- **提供证据。**“研究表明……”
- **量身定做。**“今天我们开始之前，特德问我……”
- **详细描述。**“更进一步来看……”
- **增加价值。**“这对你很重要的原因是……”（即“维惠”）

有些演讲者常用的做法是，当他们看到听众中有人做出沉思或疑虑的反应时，直接对那个人说：“你好像有问题要问。”那个人可能会由于被单独挑出来而感到不适，且还会引发偏离主题的交流或讨论。用上面列出的主动性词句给出与听众心照不宣的反应，你可以更好地回应这些非语言信号。通过建立这种看似自发的联系，即共情，你让听众给出了积极的反应。

无论做出什么样的调整，都要简短，保持你们之间的互动就可以了。

把注意力从自己身上转移

与一个人交流之后，把你的注意力转移到另一个人身上，开始另一段对话。观察那个人的非语言反应，并调整你的演讲内容。

再过一会儿，再转向另一个人，再开始另一段对话。如此这般继续在房间里进行一系列的“一对一交谈”。

当你在房间里走动时，把注意力从自己身上移开。不要去想“我怎样做”，而是去考虑“你怎样做”。你对每一个听众都应如此。

在电影院里，你经常会看到这样的画面：一个人在前景中，背景虚化；突然，焦点转换，背景变得清晰，而前景变虚。这种转换引起了人们对新的行为的关注。你在演讲中可以创造同样的效果：每次和一名听众互动时，都将焦点从你自己转移到对方身上。

主动引发听众反应

玛雅·麦凯布（Marya McCabe）曾在微软工作14年，现在是一家专门帮助客户建立强大的商业关系的公司的创始人兼总裁。在微软任职期间，麦凯布在吃了点儿苦头之后才发现与听众互动的价值。

她曾是微软美国西北销售区的销售和市场经理，很少发表演讲，可有一次，她被要求向几名内部听众做一场演讲，介绍一个未获验证的市场营销理念。她强烈地感觉到，多数听众会抵制新的理念，这件事会很难办。

麦凯布第一次演讲时，她最担心的事情发生了。当她阐述自己的内容时，可以从听众疑虑的面部表情、眯起的眼睛和僵硬的肢体语言中看出他们的抗拒。而她的反应就像所有人面对压力时一样，开启彻底的“战斗—逃跑反应”模式，这导致她的演讲支离破碎。当时她不知道的是，自己已经迈出了与听众互动的第一步：观察到了听众的反应。但她还没有迈出第二步：调整她的内容。等到第二次演讲的时候，她做到了这一点。

她为第二次演讲做了充分的准备。当她看到听众做出质疑或否定的反应时，她提出了反证，效果也立竿见影：听众的怀疑消失了，而且在一些情况下，她还得到了听众点头的反馈。这帮她恢复了镇静，使她可以更有信心地传达新的市场营销理念。

第三次演讲的时候，麦凯布将互动提升到另一个层次：她主动引发了听众的点头反馈。她不仅在质疑出现时及时回应，还抢在反对者之前提出了一系列反面问题来设问，并给出自己的答案。每个回答都会带来听众点头反馈，而每次看到听众点头，她都会很安心。很快，她开始期待点头反馈，如她所说："这给了我一个机会去讨论那些有争议的问题，并支撑我的演讲内容。"她充分利用了互动的力量：用事先准备好的回答，同时通过现场观察听众的反应和及时调整演讲内容，来引发听众点头反馈。

马克·吐温则以自己独特的方式主动唤起听众的反应。在第3章里，你看到了马克·吐温在第一次公众演讲时有多么害怕，而他是这样战胜那个时刻的：

> 我找来许多朋友，他们都是精壮的汉子，拿着大棍子分散地坐在听众之中。每当他们觉得我说了一些可能是在搞笑的话，就会用大棍子猛敲地板。

尽管是安排好的，但这种故意的敲打对马克·吐温很有用。"最初5分钟的痛苦过后，怯场症彻底离开了我，再也没有回来。"

你还没到需要雇用一些手持棍棒的大汉的程度，但你可以像麦凯布那样：观察听众的反应并调整内容。你很快就会发现，在熟练掌握这个强大的技巧之后，随着你在房间里的走动，每一次互动的正能量都会倍增、叠加。它会随着你的"一对一交谈"增多而不断积累，然后随着互动的正能量动态的势头上升呈现指数级的增长。本能的共情就像湖面上的涟漪，在听众之中荡漾开来，他们对你产生了几乎无法抵抗的积极感受。

多数演讲者在演讲时就好像站在一面无形的盾牌后面，这面盾牌将他和听众隔开。少数出色的演讲者能够突破这一障碍，观察到听众的反应；而能够对所观察到的反应做出反馈的演讲者则少之又少。

在交流中双向互动

让我们继续与体育运动进行类比。很多网球运动员在触球时，眼睛会看着球直到它飞走，但很少有人继续保持注意力去追踪球飞出之后的轨迹，观察它落到哪里。体育运动中的球只是一个没有生命的物体，而演讲中的听众却是有生命的个体。演讲高手会本能地追踪每个听众的反应，并迅速调整演讲内容。

观察听众的反应并调整内容修复了演讲者和听众在双向互动中出现的偏差。

与β-受体阻滞剂、冥想、可视化、挥舞小直径球棒、把球扔过移动的橡胶轮胎或神经反馈相比，心理体验法能更加简单、有效地减少演讲者对公众演讲的恐惧。让你的目标听众点头，这对你来说就足够了。

当你完成这个过程，你就相当于进入了运动员的“最佳状态”。从那一刻起，你会明白，你并不是站在那里，无助地暴露在听众面前，面对漆黑的深渊白费力气。你将和你的听众和谐共处，与他们进行双向互动。你将控制住自己的紧张情绪和面前的听众，你将掌握自己的命运。

这是一个有科学依据的互动循环，得到过医学博士劳伦斯·斯坦曼（Lawrence Steinman）的验证，他是斯坦福大学贝克曼分子医学中心小儿科、神经科学与神经病学教授。我很荣幸曾与斯坦曼在一家医疗公司的 IPO 路演中共事，那是他的公司之一。在表达技巧课程的高潮部分，这位优秀的医生谈到了心理体验法：

> 心理体验法控制了公众演讲带来的压力，因为它利用了神经生理学的基本原理。在一群人面前演讲会导致肾上腺素的分泌，这一

关键的神经化学物质会引起“战斗—逃跑反应”，从而削弱演讲效果。但当演讲者与听众建立起联系并感受到对方的反应时，肾上腺素的分泌就会减少，压力因而减缓。然后，当感受到演讲者的轻松和自信时，听众也会非常明显地体验到自信的感觉，并变得更容易接受演讲者的信息。通过刺激大脑中的镜像神经元，这种同步和协同的情绪在听众身上出现了。神经学和生理学结合起来，创造了一个强有力的双向循环，把演讲者和听众联结在一起。

互动的重要性

在我们的 SUASIVE 核心课程中，我们会要求每位学员站起来面向其他学员做一个简短的发言。每个人就同样的内容、用同样的技巧做 4 次演讲，我们把每一次演讲都用视频记录下来，并在每两次演讲之间回放视频来查看学习进展。第一次视频记录发生在学习之前，作为考查基准。

在一次课程中，一位经验丰富的年轻女性非常自如地完成了第一次演讲，她在学员面前显得非常镇静，演讲时自信而有活力。然而，当她坐下来观看视频回放时，发现自己忘记把眼镜带来，这导致她在看屏幕时不得不眯起眼睛。

随着时间的推移，她认识到“读懂”听众反应的重要性。当她第四次也是最后一次录制视频时，她站起来，每次只对一个人说话，不过这一次她眯起了眼睛。她的互动第一次引起了点头反馈。当天早些时候，在面对同样的听众做同样的演讲时，她并没有眯眼。尽管在第一个视频中她一直看向听众，看似效果很好，但事实上并没有与听众建立关联。心理体验法的最后一步使一名能说会道的演讲者变成了一名有说服力的演讲者。

回想一下第 4 章中我描述的个人经历，也就是我在一个投资银行会议上的演讲和随后的视频录制。我的整个演讲过程都获得了很好的效果，因为我的注意力都集中在听众身上。我在说话时，会观察每个人的反馈。我寻找他们点头、会意的笑容或者疑惑的表情，根据所见调整我的内容。当我看到理解的反应，就继续讲；当我看到疑惑或者怀疑的反应，就简单地阐释说明。但在录制视频的时候，我只专注于我自身和我的表现，而且对演讲材料也没有进行语言化的演练，因此频繁出错。

从我的经验中，你可以学到如何根据听众的非语言反应调整内容，并让听众点头。然后，你就可试着去体会演讲心理体验法的最后一环。

心理体验法的 3 个步骤

1. 选定一个人，开始“一对一交谈”。
2. “读懂”非语言反应。
3. 根据非语言反应调整演讲内容。

直到这里，在本书大约 1/3 的地方，我们才讲到传统演讲技巧建议中的起点：用你的眼睛、肢体语言和声音在演讲中进行外在表达。在多年的演讲教练生涯中，我发现这是大多数人在为具有高风险的演讲寻求咨询时会提到或期望的。通常情况下，这些人只要求我指导表达技巧，他们的咨询一般是这样开始的：“我的内容已经搞定了，幻灯片也做好了，我只需要你告诉我……”接下来的内容包含以下的一句或多句：“我的声音怎样才能更响亮？”“如何不那么呆板？”“怎样才能更具表现力？”还有最常见的：“怎样缓解我的紧张？”

显然，由于要面临众多挑战，人们对表达技巧的建议有很大需求。

可我总是拒绝所有这样的要求，因为如果要我指导一个人的肢体语言和声音，而对方却没有精心准备演讲内容，不了解肾上腺素对身体的影响，且注意力不在听众身上，只在自己身上，那么任何指导都是空谈，我只是在教他们如何徒劳地挥舞手臂、唾沫横飞，这种技巧“喧嚣又喧闹，虚无又缥缈”。

但是，既然你已经拥有了打好基础的工具，准备学习如何实施你的表达技巧了，那么，现在是时候回答那些演讲教练被问及最多的问题了，是时候开始学习表达技巧了。这也是接下来 3 个章节的主题。

TIPS

魏斯曼完美演讲

走向演讲台时，通过专注控制肾上腺素的激增，从而成功地传达信息。把注意力从自己转移到听众身上有助于缓解焦虑。选定一个听众，开始一段对话，观察那个听众的非语言反应，并根据反应调整演讲内容。

THE POWER PRESENT

第 6 章

学习表达技巧

> 问题在于，怎样的指导方式能助力学生的自然学习过程，而不是干扰这个过程。
>
> ——提摩西·加尔韦
>
> 《身心合一的奇迹力量》

演讲行业中最常见的说法之一是："优秀的演讲者是天生的，而不是培养出来的。"它的另一种常见说法是："那个人的魅力与生俱来。"这一说法暗含的意思是"改变是不可能的"或者"先天优势，后天难比"。出于一些不可思议的原因，很多人坚持这种偏见，并且几乎把这当成铁律而屡屡提及。尽管从小联赛到大联赛、从小剧院到百老汇、从丑小鸭到白天鹅，各行各业都有压倒性的证据和忠告否定这个观念，但它还是持续存在。**放弃这个观念吧，因为改变是可能的，它只需要时间、技巧和努力。**

学习的 4 个阶段

如果你有过开始一项新的活动项目的经历，比如某项体育运动、舞蹈，你就会经历学习的 4 个阶段（如图 6-1 所示）。这在演讲中的肢体语言训练方面也同样适用。

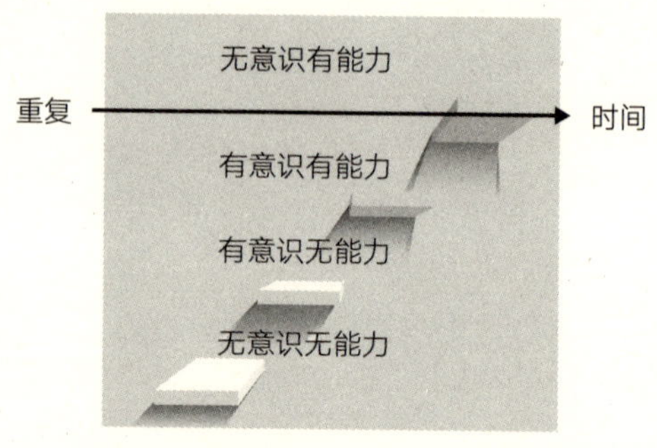

图 6-1　学习的 4 个阶段（自下而上）

第一阶段，不知道该做什么，表现得很差，而且意识不到自己的无能。

第二阶段，教练告诉你你做错了什么，你也意识到了自己的无能。

第三阶段，教练告诉你什么是正确的，你也意识到了自己的能力，但当你第一次尝试遵照教练的建议行事时，你会感到很不自然。第三阶段就是对自己的能力感到不自然的阶段。然后，教练会让你多去实践这些新技能。学习任何科目或技能时，无论是思想上的还是身体上的，坚持不断重复训练最为重要。

第四阶段，你不假思索地展现自己的能力，而对自己的能力没有意识。

你是否在参与的活动项目中到达了第四阶段？你曾经到达过吗？这是可能的，但它不会突然发生。你不会轻而易举地从新手变成专家，只有全面经历过这 4 个阶段，你才会提高。实际上，当你经历这些阶段时，很有可能会把大部分时间花在第三阶段“有意识有能力”上。毫无疑问，当你学习本书中一些新的技巧和训练方法时，会感到不适。

对你而言，能够做出改变的关键在于接受学习过程中的不适，接受走出舒适区的必然性。但这也给我们带来了一个悖论。

舒适区悖论

当你站在听众面前，肾上腺素开始分泌时，你会有一种“战斗”或“逃跑”的冲动。包裹身体的自我保护状态会让你感到舒适，而矛盾之处在于，这种状态会让你的听众感到不适。反过来说，如果你张开双臂表示欢迎，表现得让听众感到舒适，你自己就会感到暴露、开放、脆弱，以及不舒适。

这个悖论如图 6-2 所示。左侧代表演讲者的行为，右侧代表听众对演讲者行为的感受。

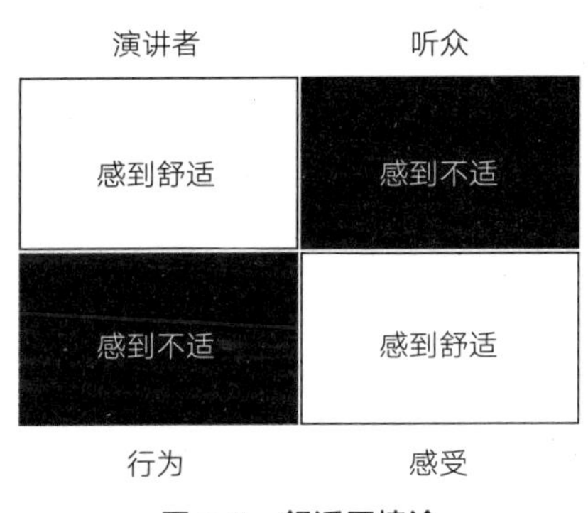

图 6-2　舒适区悖论

让我们回顾一下表 3-1（即表 6-1，为方便起见在此重复），更深入地了解一下演讲者行为与听众感受的动态关系。

表 6-1 演讲者消极行为与听众消极感受

因素	演讲者的消极行为	听众的消极感受
眼睛	快速转动	不真诚或鬼鬼祟祟
表情	僵化	脱节、割裂
头部	晃来晃去	冷淡
姿势	歪斜	懒散
双手和双臂	包裹身体	戒备
音量	低	柔弱
音调	变化小	单调乏味
节奏	快	慌张或烦躁
叙述模式	平铺直叙	数据传输
语气词	反复出现	没有底气

演讲者因“哎呀时刻”导致的消极行为和本能的“战斗—逃跑反应”，会给听众带来消极感受。我们再次遇到了肾上腺素悖论：这一使生物能够在野外生存的规则，却在演讲的环境中失灵或使人颤抖。

演讲者如何通过改变行为来引发听众的积极感受？如何让这些要素为其所用，而不是与之作对？关键在于从宏观角度应对挑战，理解这个悖论。如果你认可一个观点：作为演讲者，你的感受与听众的感受是有区别的，那么请接受一个事实：你即将学习的技巧和进行的练习将令你感到不适。

我曾经指导学员做同一种练习，让他们站在房间前面，做出双臂张开的动作，然后立即停下来，问他们有什么感受。他们的答案都差不多：“过头了！”“不自在！”“好夸张！”“不妥当！”

毫无疑问，当你这样做的时候也会有相同的感受。而听众对此又有何感受？我先保留意见。

在创办自己的公司之前，我曾是其他培训公司的雇员，教授表达技巧。我花费了大量精力让学员做新的动作，而这些动作让他们感到不适，所以他们总是抗拒。我则继续“哄骗”他们做新的动作，最终，他们有了改变，但改变不大。

与此同时，他们感觉更糟糕了。我也一样，因为是我给他们强加了这种不适。培训结束后，双方都感觉不快和不满。但当我认识到这种悖论，并告知学员这些不适感会随时间推移而减少时，我的工作就轻松多了。学员可以按照自己的节奏、用自己的步伐自由地迈向第四阶段。更重要的是，他们取得了显著的进步。

其中一名学员对我说：“我最好的网球教练可不会期待我第一次就能打好！”

重复练习

重复练习会消除这种悖论。最终，你会因张开双臂而感到舒适，听众也会感到舒适。你看起来镇定自若，充满自信，准备好拥抱整个世界，但请记住，这需要时间来实现。你不是一辆赛车；你不可能在60秒内从零知识变成零缺陷；你也不可能在一天之内从跆拳道白带练成黑带。这是需要时间的，滑雪者必须在低级坡道来回练习，才能滑向高级坡道。

重复练习可以强化习惯。你迄今为止一直在做的事情也是你一直在强化的事情，要培养新的习惯，你仍需要重复练习。这是有门槛的，不同的人面对的难度高低有别，但值得一试。

重复练习会让你从第三阶段进入第四阶段，能力的存在从有意识变成无意识。

作为实践的榜样，让我们重温乔布斯和他的苹果手机发布会。乔布斯在创办苹果电脑公司之后，接着创办了一家计算机公司，后来又回到苹果公司。在大量听众面前演讲时，他一直表现得非常自如，可尽管如此，乔布斯仍会针对苹果手机发布会上的演讲进行大量练习。

肯·科钦达这样描述乔布斯的勤奋：

> 距离主题演讲还有三周或一个月的时候，乔布斯就会在苹果公司的某个会场开始排练他幻灯片中的部分内容……（并且）在主题演讲开始前的每个周六和周日，他会将整个演讲从头到尾排练两遍。

乔·莫格利亚（Joe Moglia）是金融服务公司德美利证券（TD Ameritrade）的董事会总裁，在进入金融界之前，他曾是达特茅斯学院橄榄球队的一名防守协调员。他还写过一本书，名叫《橄榄球制胜之道》(*The Key to Winning Football*)。莫格利亚在担任德美利证券 CEO 的时候，曾请我帮忙设计他的公司介绍演讲。在训练过程中，我和莫格利亚相互学习，他指出，演讲技巧的学习与他的橄榄球制胜之道，甚至于经营一家公司，都有相似之处：

> 学习新的行为需要经历不适。由于这种不适，个人和组织机构都会抗拒改变。
>
> 完成变革的关键在于与个人或组织进行沟通，告诉他们不适是达成新目标所要付出的代价。如果一名运动员想要出类拔萃，就必须训练得更努力、更长久。如果一个组织要在业务上有所进步，就必须改变策略，甚至是它的结构体系。改变是必要的。

特斯拉的创始人兼CEO埃隆·马斯克在2008年推出了他的第一款电动汽车，并进行了巡回宣传。其中一次是在圣弗朗西斯科的Web 2.0峰会上，在会上他大力宣传电动汽车比化石燃料汽车更加节能的理念：

> 呃，所以，这个，这辆车，它真的，呃，所以简单来说就是，“它比法拉利更快，比丰田普锐斯更节能”。啊，它百公里加速度是3.9秒，嗯，我们实际上正致力于电源组的升级，可以让它降到3.6～3.7秒。呃，明年，呃，能源效率，呃，用3.8升石油来表示里程数的话，呃，是大约209千米，呃，所以，如果你把约3.8升石油，呃，你把它提炼成汽油然后运送到加油站，然后，呃，那么它能让你的车跑多少千米？

马斯克对他的主题显然是非常了解的，然而，断断续续的表达、频繁出现的语气词，以及快节奏的语速，都让他显得信心不足并且烦躁不已。

不过，之后的他做了越来越多的演讲，且他的表现最终在2010年6月的特斯拉汽车（Tesla Motors）IPO路演中达到巅峰。上市首日，特斯拉股价上涨40.53%，收于每股23.89美元。作为一家上市公司，特斯拉持续引领电动汽车的研发、生产和扩张，其业绩呈曲棍球现象式的攀升，令人印象深刻。

这一成功使马斯克成为演讲圈和媒体圈的宠儿。在一次TED活动中，策展人克里斯·安德森（Chris Anderson）就马斯克最喜欢的能效话题对他进行了采访。安德森问道：“美国大多数电力来自化石燃料的燃烧，而一辆插电的电动汽车能改善什么呢？”

马斯克回答说：

（即使）你在发电厂用相同的燃料发电，然后传输给电动汽车充电，能效也会更好。所以，打个比方，如果你使用天然气这种最普遍的碳氢化合物燃料，在先进的天然气涡轮发电机中燃烧它，能效大约有 60%；但你把同样的燃料用在一辆内燃机汽车上，能效大约只有 20%。原因是，发电厂的涡轮机在工作时，可以负担起的重量和体积较内燃机汽车的涡轮机更大，并且可以利用余热运行汽轮机，产生二次能源。所以，实际上，即使你把传输损失和其他因素都考虑在内，在使用相同燃料的情况下，你给电动车充电的能效至少是天然气在发电厂的涡轮机燃烧产生的能效的两倍。

这段话，马斯克去掉了语气词，形成一种干脆、清晰和具有权威性的节奏，这是一名领导者坚定、自信和智慧的标志。

“大师技能循环”

让我们提前想象一下你的下一次具有高风险的演讲。“哎呀时刻”来临了，你听到坐在听众席的负责人说：“好，让我们开始吧。”或者，你听到前一个演讲者对你进行介绍。又或者，你的名字从扩音系统中低沉地传了出来，由广播员念出……然而，此刻的你已经提前组织好演讲内容，并将其“语言化”到熟悉的程度，于是你放松地走上演讲台。你的脑海中已经完成从“我”到“你”的转变，专注于听众席间某个特定的“你”。你选定了房间后排中间的一名女性。

不过，那名女性并不知道你内心的决定。你需要做的是投射自己的心理意图并让她给出回应，而传达心理意图的投射系统包含了表 6-1 中的所有行为。

你会注意到，表 6-1 中的 10 个因素可以分为两种最具影响力的人类动态：前 5 种是视觉，后 5 种是声音。接下来的 3 章将通过非常详细的、循序渐进的指导和练习，向你展示如何掌握最好的方法来让听众获得积极的感受，并创建出有关听众积极感受的新表格。

当然，你不能在演讲的时候带上这张表格或者这本书，否则看起来就像是在作弊。此外，如果细数的话，你有太多要做和不要做的事情，你会不得不问自己："这本书建议我怎样使用双手和双臂？""我应该怎么站？""怎样进行眼神交流？""怎样才能慢下来？""怎样避免说'呃'？""我的音量够大吗？"很快，你的精力就透支了。

因此，我会把所有细节归纳为 3 项便于记忆的大师技能，技能之间首尾相连，构成一个循环，我称之为"大师技能循环"（Master Skills Cycle）。它们囊括了你从"哎呀时刻"起所需要的一切。

你已经熟悉了 3 项大师技能中的第一项："一对一交谈"。正如你在前几章中所读到的，这项技能涉及一种由内而外的转换，即从"我"到"你"。

图 6-3 中的所有弧线首尾相连，其中"一对一交谈"是 3 段弧线中的第一段。在这个良性循环中，每一项技能都会指向并驱动下一项技能的发展。

图 6-3 "大师技能循环"中的第一项

将“一对一交谈”作为第一项大师技能是有意而为之，其中的原因可以用以下观点来说明。

早些时候，作为一家演讲培训公司的雇员，我把自己的工作定义为向商务人士提供表达技巧的培训。然而，我所提供的只是关于肢体语言和声音的指导，大多数时间里，面对像你一样的普通人，我都是如此指导的：“这样做！”“别这样！”“那样做！”“大一点、小一点，快一点、慢一点，响亮一点、柔和一点，宽一点、窄一点……”

我在哥伦比亚广播公司工作的时候，对广播员、记者、新闻播音员和节目主持人做这样的指导是很合适的，因为他们都是专业的表演者。而商务人士擅长的是他们的特定领域内的事物，当我把他们作为表演者来对待时，对方会退缩。

“我不是演员！”“嘿，别这样，杰瑞！”

但当我把大量的技巧和诀窍教给我的商业客户时，他们还是会按照指导去做：“大一点、小一点，快一点、慢一点，响亮一点、柔和一点，宽一点、窄一点……”一天的培训结束后，我能让他们做到拍打着演讲台大声地演讲。

遗憾的是，在现实的演讲中，他们只顾着考虑自己，并试图回忆起我给他们的所有指导，结果头脑一片混乱。更糟糕的是，他们的表现比我指导之前的更差了。

当我创办自己的公司之后，我意识到，我需要一种不同的方式来传授演讲技巧。我可以从一种熟悉的、自然的基础开始：“一对一交谈”。也只有这样，我在接下来的章节中才能继续讨论肢体语言和声音技巧，那是“大师技能循环”中的另外两段弧线。

TIPS

魏斯曼
完美演讲

包裹身体的自我保护状态会让演讲者感到舒适，而这种状态会让听众感到不适。演讲者张开双臂的表现让听众感到舒适，演讲者自己却会感到暴露、开放、脆弱。这种悖论可以通过重复练习消除。同时学会“大师技能循环”第一项：“一对一交谈”。

THE POWER PRESENT

第 7 章

运用肢体语言

> 面容是心之肖像，眼睛是心之传导者。
>
> ——西塞罗

肯尼迪与尼克松的历史性辩论

1960 年的美国总统大选，是时任副总统的理查德·尼克松和马萨诸塞州参议员约翰·肯尼迪的竞争。从一开始，肯尼迪就有 3 个不利因素：

- **挑战者的身份。**作为在任的副总统，尼克松有优势成为当选者。
- **年龄。**43 岁的肯尼迪是有史以来第二年轻的美国总统候选人，其成熟度受到质疑。史上最年轻的总统候选人是威廉·布赖恩（William Bryan），1896 年参选时他 36 岁，最后竞选失败。
- **宗教信仰。**肯尼迪是有史以来第二位天主教候选人。第一位是曾任纽约州州长的阿尔·史密斯（Al Smith），他在 1922 年参与总统选举，由于种种因素而败北。

所有这些因素加在一起，使尼克松在民意调查中获得了微弱的领先优势，而且在大选前的整个夏天他都保持着这种优势。随后，在当年的 9 月 26 日，两人在芝加哥进行了美国有史以来第一次总统竞选电视辩论（如图 7-1 所示）。

图 7-1　肯尼迪（左一）与尼克松（右一）的总统竞选电视辩论

肯尼迪率先发言：

在 1860 年的总统竞选中，亚伯拉罕·林肯说过，我们的问题在于这个国家是否能以半奴隶制半自由的状态存在。在 1960 年这场举世瞩目的总统竞选中，问题变为这个世界是否能以半奴隶制半自由的状态存在。我们是否能够朝着自由的方向，也就是我们选择的方向前行，而不是朝着奴隶制的方向前行。

肯尼迪说话时直接对着镜头，因此也是直接对着听众。他直视着选民的眼睛，表现得自信而真诚，他继续说道：

我认为这很大程度上取决于我们在美国的所作所为。1933 年，富兰克林·罗斯福在他的就职演说中说过，这一代美国人来到了命运抉择的时刻。

肯尼迪身姿笔挺，肩膀舒展。他的左手轻轻地放在演讲台上，而右臂在活跃地舞动着。他通过抑扬顿挫的声音不断地强调他的关键词，波士顿口音响亮地在屋内回荡：

> 我认为我们这一代美国人也在面临同样的境遇。现在的问题是：在有史以来最严峻的攻势下，自由还能维持吗？我认为是可以的，归根结底取决于我们如何去做。我认为美国是时候再次起航了。

眼神、姿态、手势和声音，所有视觉和声音的动态协调一致地传达着肯尼迪要表达的信息。他的神态和声音都很镇定、平稳、坚定、权威，并充满信心。所有的这些描述都是对“总统”一词的诠释。

尼克松则展现了一个截然不同的视觉形象。

他的重心放在右臀上，歪向一边，右肩也耷拉着，双手紧紧地抓着演讲台。他看起来很紧张，有戒心，焦躁不安，这些形容词中没有一个是应该用来诠释“总统”的。对他更恰当的描述应该是“车灯的强光照射下被吓蒙的小鹿”。

尼克松的发言很沉闷：

> 拿医院举例。我们可以看到，本届政府比上届政府建设了更多的医院。公路也是如此。让我用大家都能理解的方式来表述吧。

此时，尼克松的右臀支撑不住了，所以他把重心移到了左臀，歪向了另一边。在这个转换的过程中，他的双手始终紧紧地抓着演讲台。

过了一会儿，肯尼迪在发言中谈到了尼克松：

> 尼克松先生来自共和党……

这场电视辩论的导演是唐·休伊特（Don Hewitt），后来成为哥伦比亚广播公司长盛不衰的节目《60 分钟》（*60 Minutes*）的幕后主创。当时，由于肯尼迪谈到了尼克松，休伊特便很自然地决定把镜头给到尼克松，在电视节目中，这被称为“切换镜头”（cutaway）或“反应镜头”（reaction shot）。由于这是史上第一次电视辩论，尼克松并没有意识到，当他不说话时，自己仍然有可能出现在镜头中。肯尼迪继续说道：

> 他得到了共和党的提名。而在过去的 25 年里，一个事实是，共和党领导人反对联邦政府投资教育、老年人医疗、田纳西河流域开发和自然资源开发……

当画面突然从肯尼迪讲话的镜头切换到尼克松倾听的特写镜头时，只见尼克松正在左顾右盼，随后眼神望向空中。肯尼迪继续发言时，尼克松的目光还在来回扫视：

> 我认为尼克松先生是其政党的有力领导者，而我希望他对我也有相同的认可。摆在大家面前的问题是，希望以哪种理念、哪个政党来领导美国。

1950 年，尼克松曾与海伦·道格拉斯（Helen Douglas）竞选加利福尼亚州参议员。在那场充满恶意中伤和谩骂的丑陋竞选中，道格拉斯给尼克松贴上了“狡猾的迪基”的标签。10 年过去了，尼克松在与肯尼迪的辩论中所表现出的鬼鬼祟祟的眼神和动作，令人再度联想到那个标签。[①]

当肯尼迪结束了对尼克松的评论后，现场记者之一、哥伦比亚广播公司的斯图尔特·诺文斯（Stuart Novins）问道："尼克松先生，您对这番发言有什么评论吗？"

尼克松将目光从肯尼迪身上移开，找到诺文斯，然后眼神放空，再次显得鬼鬼祟祟。他回答说："我没有什么可说的。"

诺文斯接着问道："您能否告诉我们，在过去的8年时间里，您有哪些重大提案被政府采纳了？"

尼克松回答的时候，体态依然懒散，他的注意力不够集中，闪烁其词：

> 要在8，呃，2分半钟的时间里把它们都说完是不太容易的。我想说，有这样一些提案值得一提。首先，每次出国访问之后，我都会有一些建议被采纳。比如说，我第一次出，呃，出国访问之后，我强烈建议我们要增加交流项目，特别是与关系到劳动领域和信息领域发展的国家领导人交流。

这段回答，让尼克松看起来犹豫不决。

---

① 历史的另一个注脚提供了解读尼克松目光扫视的视角。当时演播室里只有一个时钟，位于尼克松的左肩上方，因此每当肯尼迪发言、尼克松要看时钟时，尼克松就必须把视线从肯尼迪身上挪开。在尼克松的特写镜头中，人们只能看到他的脸，而看不到时钟，这让他的目光扫视看起来鬼鬼祟祟。然而，在尼克松发言时，肯尼迪可以既看到他的对手又看到时钟，无须过多地移动目光。因此，当休伊特给肯尼迪特写镜头时，肯尼迪目光坚定，这使他显得全神贯注、专心致志。

在辩论最后，肯尼迪发表最后陈述的时候，休伊特继续把反应镜头切给了尼克松。只见尼克松的眼神还在游移，而肯尼迪的目光依然坚定：

> 如果你对现在的一切都感到满意，感到有安全感，感到美国正在实现它应该实现的一切，感到我们正在为公民营造更好的生活和更多的优势，那么我认为，你应该把票投给尼克松先生。但是，但是，如果你感到我们必须在（20 世纪）60 年代重新起航，那么总统的职责应该是将我们所处社会的未尽事宜摆在人们面前，就像富兰克林·罗斯福在 30 年代所做的那样，将公众目标摆在人们面前，即我们作为一个社会整体，必须如何去做才能满足我们的需求、确保我们的安全、提高我们的自主权。

两位候选人在演讲风格上的显著差异立刻成为政治分析人士和历史学家的素材。最被广泛提及的一个参考点是，在对电视辩论的民意调查中，人们发现，观看了电视的受访者认为肯尼迪赢了，而那些通过收音机收听节目的受访者认为尼克松赢了，这是一个惊人的对比。

政治史学家白修德（Theodore White）的《美国总统的诞生》（*The Making of the President 1960*）成为记录这场竞选和辩论的权威编年史，他对这一结果进行了总结：

> 这是图像造成的。在 1960 年，全国民众受到电视机图像的吸引，而不是声音。事情就是这样。

视觉控制了声音和语言。

外部因素与听众感受

在肯尼迪与尼克松的辩论中，还有其他几个因素影响了候选人的形象，从而影响了公众对他们的感受：

> 尼克松在辩论前的几天里正在与病毒性感染作斗争，但他仍然积极备战。来到演播室的时候，他瘦了约 4.5 千克，这让提前准备好的衣服在他的身上显得松松垮垮。
>
> 肯尼迪则在辩论之前休整了 3 天，甚至花了一些时间去晒日光浴，把肤色晒成了棕褐色。
>
> 尼克松拒绝对自己标志性的浓密胡须进行专业打理。一名助手给了他一种懒人产品，其中含有的滑石粉可以用来遮盖他的胡茬，但是它并不透气，这导致尼克松的汗水渗了出来，让他看起来很紧张。
>
> 肯尼迪化了淡妆，薄薄地遮住了胡茬，而且透气。
>
> 尼克松穿了一套浅色西装，在黑白电视上看起来与演播室浅蓝色的布景几乎一样，都呈灰色，这使他看起来很疲惫。
>
> 肯尼迪身穿深色西装，与浅色背景形成鲜明对照，这让他的视觉形象引人注目。
>
> 尼克松的左腿受到葡萄球菌感染，这是他在北卡罗来纳州格林斯伯勒（Greensboro）竞选时受伤造成的，当时他的膝盖撞上了车门。很可能是这个因素使他为了保护膝盖而转移身体重心。
>
> 患有慢性背痛的肯尼迪穿着束腰，用以支撑和挺直他的脊柱。

不过，上述都是纯粹的外部因素，影响听众感受的主要因素是候选人的行为。尼克松本人后来也承认："我过于注重内容，而对外在的关注不够。"

唐·休伊特也赞成这一点。在休伊特的自传中，他写道："我对那个晚上印象最深的是，肯尼迪要比尼克松严肃认真得多。"

从那一刻起，任何竞选公职的候选人，无论是国家的还是地方的，再也不会有谁轻视电视辩论，或认为外表和演讲方式不如内容重要。肯尼迪与尼克松的辩论是彻底改变政治选举面貌的、具有重大影响力的事件。任何候选人，如果对电视传播缺乏足够的重视，不具备或不去学习在媒介或媒介之外亮相时最恰当的表达技巧，就不能成功，也不会成功。

无论你是参加总统竞选还是当地的市镇议会选举，不管你的目标是融资、合作、争取客户，还是审批项目，人们都会以更高的个人形象标准来看待你的演讲，而这个标准正是我们在公众领袖身上所追寻的。

为了提高你的演讲技巧，让我们逐一讲解表 3-1 中演讲者的每个行为元素，并为你提供每个元素的最佳实践方式、练习方法和案例。完成之后，你将得到一张被改进后的新表格，其中需要记住并加以执行的细节也非常多。别担心，我会把你学到的所有技巧浓缩到剩余的两项大师技能之中。让我们从视觉动态开始吧。

视觉动态

眼睛排在第一位。

眼睛

眼睛是人类所有交流行为中最具影响力的一个方面，其力量有着深刻的根源，可以一直追溯到生命诞生后的第一个小时。

医学博士马歇尔·克劳思（Marshall Klaus）和约翰·肯尼尔（John Kennell）是美国杰出的儿科专家，他们曾经合著过一本有关婴儿的书籍，在相关领域具有里程碑意义，名叫《心连心·亲子情——新生命与父母的奇妙联结》（*Bonding: Buibding the Foundation of Secure Attachmcnt and Independence*），书中描述了他们对母亲和婴儿进行的一项研究。在研究中，在婴儿出生后的一小时，也就是他们生命开始的第一个小时里，婴儿一直都由母亲抱着。根据母亲抱婴儿姿势的差异，研究对象被分成两组。第一组，母亲是以医生所谓的“正面位置”（en face）或者目光能接触到的姿势来抱婴儿的。在这个姿势下，婴儿的两只眼睛与母亲的两只眼睛都保持接触。

第二组，母亲被要求将婴儿抱在她身体的一侧，在这个姿势下，婴儿只能看到母亲的一只眼睛。第一组婴儿一直专注于他们的母亲，这种状态被称为“安静警觉期”（quiet alert）；第二组婴儿则不停地扭动并四处张望。

一周后，第一组婴儿比第二组婴儿更容易认出自己的母亲。

后来，来自英国和意大利的科学家们进行的另一项研究进一步印证了在婴儿时期目光接触的重要性：

> 研究结果表明，从出生起，人类婴儿就更喜欢看那些能与他们相互凝视的面孔，而且从很小的时候起，健康的宝宝就会对直接凝视展示出更强的神经处理能力。在这些研究中，婴儿对相互凝视展现出敏感性，可以说，这是后期社交技能发展的主要基础。

这种早期的印记会延续到每个人成年后的生活交际之中。在西方文化中有两种常见的表达：“我喜欢吉尔，她会直视我的眼睛！”“我不喜欢杰克，他的眼神躲闪不定！”在我的指导课上，每次讨论眼睛在人际交流中的作用时我都会问学员，你会不会雇用一个在面试时没有直视你眼睛的人？无一例外，答案都很明确：“不会！”

不过，“目光接触”这个词太宽泛了，它是指疯狂地扫视整个房间，寻找逃生路线吗？不是。是指目光从一个人跳跃到另一个人吗？也不是。尼克松的目光跳跃使他再现了他的标签“狡猾的迪基”。因此，让我们给它设定一个更具体的框架，并另取一个名字：“眼神接触”（EyeConnect®）。

眼神接触

每当你选定一个人与你进行“一对一交谈”时，与那个人眼神接触一下。看向那个人，直到那个人也看向你。观察那个人如何回应你说的话，观察他的反应，这把我们带回了第 5 章的心理体验法。直视那个人的眼睛，建立真诚的沟通和密切的交流方式。

然而，肾上腺素的激增会驱动你的眼睛扫视房间，所以要想延长密切交流的时间是非常困难的。要想学会如何克制住扫视的冲动，可以尝试下面的练习。

眼神接触练习

找四五个同事或朋友来协助你。在一间小会议室里，大家围坐在一张桌子旁，你告诉他们，你将与他们每个人轮流进行眼神接触，并请他们在感受到与你的互动时向你点头示意。安静地进行练习，这样你就可以专注于自己做了什么而不是说了什么，专注于你和别人的互动而不是你的言语。

当你突然发现每个人都在看你的时候，你感受到的时间偏差无疑会更加严重，因为当你的眼神在人与人之间移动时，每次互动都会令你觉得漫长得尴尬。但这就是“舒适区悖论”：令你感到不适的，听众看着却感到舒适。这个练习的目标是让你看到听众的点头反馈，“读懂”他们的反应，延长互动的持续时间。

2020 年，新冠疫情迫使公众保持社交距离，大多数企业不得不选择远程办工。居家办公（Work From Home，WFH）成为一个流行词，但即使在疫情之前，持续扩张的全球贸易和日益频繁的出行需求也正驱使着越来越多的公司进行远程办公、会议和演讲。

一些公司已经做到了 100% 远程办公，而仅在美国的技术公司就有 13 家。一家全远程办公公司对外提供了一份 5 000 多页的手册，分享了该公司的线上工作流程。

通过使用思科、铃盛、谷歌和微软等公司提供的服务，商务人士可以在手机、平板电脑或电脑上通过云平台进行线上演讲或参与视频会议。在本章的后面，你将学到如何在线上和电话会议中优化你的声音，而涉及视频时，眼神接触承担着重要的新角色。

视频会议平台提供了丰富的功能，例如聊天、注释、投票、白板、分组讨论、屏幕共享、幻灯片整合，以及与会者的缩略视图等。这些功能连同附注和其他相关材料，会将演讲者的注意力从网络摄像头上移开。当演讲者的目光转移到这些事物上时，他与线上听众之间的关联就中断了，而由于“一对一”关联的共情作用，这种中断显得很隐蔽。想要降低对注释或幻灯片的依赖，更流畅地表达演讲内容，演讲者就要像准备线下演讲那样进行“语言化”。

当你演讲的时候，在大部分时间里，你会通过网络摄像头与线上听众进行眼神接触，让你的每位线上听众感受到互动。但你偶尔也要把视线转移到其他地方，以防听众产生被凝视的感觉。无论是线上还是线下的听众，被凝视都会令他们感到不适。《纽约时报》的一篇文章中提到了伦敦玛丽女王大学视觉感受实验室进行的一项研究，在这项研究中，“被试（人）要观看一段视频，在视频中，会有一张脸转过来径直凝视被试（人）。一开始被试（人）觉得这种凝视很有意思，但也只持续了大约3秒。在这之后，被试（人）变得不安了。”文章最后总结道：“礼貌之举最终也会变得令人恐惧。”

要想利用网络摄像头维持眼神接触，你可以将虚拟平台上与会者的缩略视图拖到电脑屏幕的顶端，让它刚好位于网络摄像头的下方，以使你的目光移动距离最小化。在这种视角下，你还可以轻松地观察到与会者的非语言表情，从而调整内容。在线上演讲中，你与听众之间的物理隔离让互动变得更重要了。

为了确保你的眼睛，也是你演讲时最有价值的部分，是清晰可见的，你需要事先检查房间的照明。头顶上射下来的灯光会将你的眼睛置于阴影之中，如果在桌子上或地面添加一盏灯的话，就可以为你的面部和眼睛提供充足的光照。在桌子上平铺一张白纸，也可以制造出一个额外的光源，让更多的光线反射到你的脸上。

视　平　线

让网络摄像头与视平线平齐，这样你就可以平视镜头，而不是俯视或仰视你的线上听众。

在摄影和电影技术中，当拍摄器械位于被摄物体上方时，叫作“高角度拍摄”；当拍摄器械位于被摄物体下方时，叫作“低角度拍摄”。

不同的角度会产生不同的情绪表达。约翰·苏勒尔（John Suler）在他的《摄影心理学》（*Photographic Psychology*）一书中指出，高角度拍摄会使“被拍摄对象在你居高临下的强势视角下居于劣势”；而低角度拍摄会让人“感觉被拍摄对象高大、有力、强势、壮观、权威或有威慑力。”要体验苏勒尔描述的这种感觉，可以尝试下面的练习。

视平线练习

站在一位端坐的同事旁边，俯视他；然后蹲下来，仰视他。你和这位充当听众的同事无疑都会感受到其中的差别。

为了与你的线上听众产生共情，你应该在视平线的高度上对着摄像头说话，而一般情况下，笔记本电脑上的摄像头位于屏幕顶端，所以你会无意中俯视摄像头，从而疏远线上听众。为了达到最好的效果，你可以购置一个具有图像增强功能的专用摄像头，把摄像头放置在主屏幕前方或者安装在迷你三脚架上，并调整到合适的高度，也就是视平线处。记住，你可以时不时地看向屏幕，以避免过久的凝视，但在大部分时间里，你仍要通过摄像头与听众进行眼神接触。

2020 年新冠肺炎疫情期间，美国国家过敏症和传染病研究所所长安东尼·福奇（Anthony Fauci）作为联邦政府科学应对疫情的主要发言人，成为新闻媒体眼中的超级明星。面对大量的在媒体上出镜的需求，他全部采取线上访谈的形式，成了保持社交距离的榜样。

在一次与另一位超级明星连线时，福奇通过脸书（Facebook）与金州勇士队球员斯蒂芬·库里（Stephen Curry）进行了一次线上对话。通过分屏我们可以同时看到，福奇坐在他的办公室里，对着与视平线平齐的摄像头说话；库里则在家中使用移动设备，频繁俯视屏幕，而不是面对摄像头。即使没有持续的眼神接触，库里依然散发着在球场内外那令人熟悉的标志性活力。

福奇还与脸书的 CEO 马克·扎克伯格进行了一次线上对话。当时，福奇站在美国国家过敏症和传染病研究所的徽标前，扎克伯格在家里，两人说话时视平线都与摄像头平齐。

在互联网、有线电视新闻和座谈节目中，视平线问题都非常重要。一名新闻主播或主持人会在2个、3个，有时多达6个人之间主持一场讨论会，每个人都处在不同的位置。他们的图像被电子装置合并在一起呈现，每个人都需要对着镜头说话，目光与视平线平齐。这样，看电视的公众才会感到镜头中的人是在与自己说话。

让你的线上听众感觉你是在与他说话，通过与视平线平齐的摄像头来创建眼神接触。

背　景

你的线上听众可以在画面中看到你和其他一切事物，注意你的背景，以避免干扰。最好选择一个中性色调的环境，比如空白的墙面或门，让听众的注意力持续集中在你的身上。不过，一些演讲者喜欢去装饰他们的环境，用艺术品或照片装饰身后的墙面；一些演讲者会坐在书架前，尤其是作家和专家，他们会把自己的著作正面朝外，醒目地摆放在书架上；还有一些演讲者会用广角展示他们所处的整个环境。

大多数线上会议平台提供虚拟的背景选项，让使用者可以嵌入通用类图像。最有技术性的背景是绿幕，也被称为“色度抠图”，它支持图像的电子嵌入，例如：

- 某个实际地点的实况拍摄。
- 通用的中性色库存图片、与会议主题相关的库存图片，或带有标志的墙面。
- 录制好的动画影像或图案。

一位网络高手说过，在参加线上会议时，你可以事先录制一段自己专心听讲的视频并导入电脑，然后在溜出去喝咖啡的时候循环播放它。

表　情

在研究面部表情时，让我们回溯到婴儿期，看一看非语言交流的早期印记所带来的影响。

爱德华·特罗尼克（Edward Tronick）是美国马萨诸塞大学波士顿分校婴儿—父母心理健康项目的负责人，他主导的“静态表情实验”如今非常有名。这项实验的视频在视频网站上已经累积了超过 800 万次的浏览量。

在实验中，母亲被要求用温暖的笑容和丰富的面部表情与婴儿互动，婴儿也会以温暖的笑容和丰富的面部表情回应，特罗尼克称之为“协同情绪”（coordinated emotions）。在特罗尼克的指令下，这名母亲停止上述表情，并用“静态表情”看着她的孩子，不表现出任何情绪。作为回应，婴儿用活跃的表情和手臂动作试图重新与母亲建立互动，但没有起作用。很快，婴儿开始叫喊，接着哭泣起来。当母亲再次用笑容和热情与婴儿互动时，婴儿立即停止哭泣，并以笑容和热情回应。母亲和婴儿就这样体验到了协同情绪。

罗纳德·里根的强项就在于他那富有表现力的面部表情。不要忘记霍华德·罗森伯格的话：“……歪着的头、真诚的笑容、斜梳的发型，这就足以抵得上千言万语和数百万张选票。”

用丰富的表现力来效仿这位“伟大的沟通者”吧，扬起你的眉毛，蹙起你的额头，眯起你的双眼，然后微笑。

但这些指导都有表演性质，会让人感觉是被迫为之。而当你在进行眼神接触的时候，表现力会变得更自然。当你的眼睛与他人互动时，你的面部表情会自动变得富有表现力；相反，当你的眼睛不与他人互动，而是快速扫视时，你的面部表情就没有活力。

眼神接触激活了一个等式：多互动（Engagement）等于多表情（Expressiveness），即“E=E”。反之亦然：缺乏互动等于缺乏表情。眼神接触可以让你不假思索地激活面部表情。

利娅·马厄（Leah Maher）在瑞典为爱立信工作时，曾经参加过我的演讲技巧课程。如今她是一家提供网络资源和服务交易平台的公司的总法律顾问兼首席运营官。与 SUASIVE 的其他课程一样，我们为马厄录制了一些视频，记录她演讲技巧上的进步。在马厄的第一段视频中，她的眼睛快速扫动，面部表情总是僵硬的；当她学会了眼神接触并延长了互动时间之后，她的面部表情变得富有表现力了，而且她轻易就可以做到这些。

头　部

头部是一个绝佳的工具，可以让你的视线在水平方向上从一个人移动到另一个人，从左到右，从右到左；但是，更有力的是垂直方向上的移动，也就是点头。作为示范，你可以尝试下面的练习。

点头练习

从你身边找一个人，占用他一点儿时间做点头练习。先告诉对方不要以点头回应，然后，你对他点头。尽管经过了努力，但他仍无法抗拒，总会朝你点头的。因为点头会唤起共情。

这并不是建议你变成一个无情的点头机器。当你的视线在人与人之间移动时，你要做的就是在与听众互动时点头，在视线抵达时点头，自然地点头，在眼神接触时点头。

姿　势

调整你的站姿，保持身体平衡，将你的体重均匀地分摊在双脚上。几何学中最稳固的图形就是三角形，它以宽底支撑一个窄的顶部。用你的整个身体重新构建起一个三角形，这种稳定性会让你看起来镇定自若。如果你的体重分布不均，就会显得懒散。更糟糕的是，当你把重心放在一条腿上之后不久，臀部就会感到疲劳，然后你会把重心转移到另一条腿上，再次变得懒散，就像尼克松在与肯尼迪进行电视辩论时那样。另外，当你的眼睛左右扫视时，横向的移动也会使你的重心从一侧转换到另一侧。

指导得有点儿多了。

简单来说，当你与听众进行眼神接触时，你的身体会自动达到平衡。等一下，你或许会想：眼睛怎么能控制身体呢？这完全可以归因于17世纪英国著名科学家牛顿发现的一种物理现象，它被称为“牛顿第三定律”（Newton’s Third Law of Motion）：每一个作用力都有一个大小相等、方向相反的反作用力。体现这种相互作用力的一个常见场景是，当你的脚试图从船上登上码头时，向前的运动会有一个大小相等、方向相反的反作用力，它将船向后推，使船离你远去。

当你与听众进行眼神接触时，身体会向对方前倾。由于你站立在坚硬的地面上，而不是水面上，因此，那个大小相等、方向相反的反作用力会让你找回重心。于是，你向后仰，稳定站姿，身体达到平衡。

正如尤维纳利斯所说的：“健全的心智，健康的身体。”它表达了人类身心相互依存的关系：当头脑清醒时，身体稳定；当身体稳定时，头脑也会清醒。想想看，尼克松在身体不稳的时候是如何失去注意力的。一个平稳的站姿可以帮你更清醒地集中注意力。

而这是否意味着你必须保持身体平衡，永远不要移动？绝对不是。想怎么移动就怎么移动，只要你的移动满足以下两个条件：

- **移动要有目的。**你可以走到房间一侧的某个人身旁，与他进行简短的对话，然后走到几米外的另一个人身旁，与他进行另一段对话。接着，走到房间另一侧的某个人身旁……走到投影屏前，走上演讲台。
- **当你走到目的地时，停下来。走到下一个目的地时，再停下来。**避免无休止的踱步，那会让你看起来像一只笼中的老虎。

双手和双臂

演讲教练最常被问到的问题是："我的手应该做什么？"

这也是我工作第一天遇到的第一个问题。我毕业于斯坦福大学，拥有演讲与戏剧专业的文学硕士学位，在纽约市立大学—巴鲁克学院兼职演讲课程助教。唷！我已经准备好征服世界了。

我的第一个任务是教授公共演讲的基本入门课程。就在第一节课开始之前，一名紧张的年轻女士走过来问我："我的手应该做什么？"

"手"并不是斯坦福大学课程的一部分。研究生的研究对象包括亚里士多德、苏格拉底和西塞罗，但不包括手。"啊，噢！"我心里想，"我可不能在工作的第一天就出糗！"

当我在大脑的数据库中搜寻答案时，肾上腺素驱动我的双眼扫视教室，寻找一条逃生路线。突然，我的目光停留在了桌子上的钢笔上。我佯装自信地说："一名演说家就是一名学者。使用学者的工具，用一支钢笔吧。拿好你的钢笔，集中精力，这就是对双手的合理使用。"

我临时想出的解决方案似乎立即治好了这名女士的焦虑。我相信我的重大发现将成为演讲学史上的里程碑，而我将被誉为"20 世纪的亚里士多德"。在接下来的两个学期里，我继续给学生推荐同样的解决方案，为了支持这个解决方案，我在演讲时拿着自己的钢笔，亲身示范。我不仅告诉他们该怎样做，而且我自己也是这样做的。行为心理学称之为"双重强化"。

一年之后，我为这门课研发了一个新的单元，然后尽职尽责地回家对着镜子练习。这时我才意识到，自己"巧妙而新颖"的解决方案营造了一个怎样的视觉形象：我一边挥舞着"武器"，一边紧握着拳头，同时保护着自己的下腹部。更糟糕的是，我已经重复这种消极行为一年了，并且通过提倡对它的强化，将抓笔变成了一个根深蒂固的习惯。我知道我必须打破它，就像撕掉粘在皮肤上的胶带一样。我做到了，你也可以。

所以，关于"手"的答案就是，像大多数人在对话时自然为之的那样：用手势进行说明。

为了让你形成一种自然、独特的风格，我不会企图编排你的手势，你自己也不应该那样做。在我职业生涯的早期，曾经尝试过这样做并得到了一个深刻的教训。我指导学员用双手和双臂去做特定的手势，但由于每个人都是与众不同的，因此对他们所有人来说，这些手势都很不自然。这也带给了他们更多的思想负担。尽管如此，我还是哄着所有学员去尝试所有的手势，但他们感觉更糟糕了，因为这些手势是被迫为之，而且看起来很尴尬。

2005—2013 年，担任伊朗总统的马哈茂德·艾哈迈迪－内贾德（Mahmoud Ahmadi-Nejad）和长期担任以色列总理的本杰明·内塔尼亚胡（Benjamin Netanyahu）曾同时出席纽约的联合国大会，并分别发表讲话。

一名很有想法的网络高手观察到，他们二人在演讲时使用了许多相同的手势。这名网络高手从二人在联合国大会的演讲视频中收集并编辑了一系列片段，把它们拼接在一起，放在视频网站上播放。奇特的是，二人看起来就像是同一个人教出来的：他们站在联合国令人熟悉的深绿色大理石演讲台上，晃动着食指，紧握着双手，抚摸着下巴，竖起大拇指，捂住前胸，做手势时先用一只手，然后用两只手，步调一致。

当然，这名网络高手制作这个拼接视频的目的在于它的怪诞，但这也说明，一个人的手势并不适合另一个人，尤其是被动执行时。本章的目的就是用更少的指导来减轻你的心理负担。

就像莎士比亚在《哈姆雷特》中所写的：

> 不要老是把你的手在空中那样挥来挥去，一切动作都要温文尔雅；因为就算在激流和暴雨那样的情绪中，我甚至可以说，就算在龙卷风那样的情绪中，你也必须克制，使之平顺自然……过分的表现超出了原本的意义：不论过去还是现在，表演的目的始终都是反映自然。

真实地去反映生活，自然而然地去做，做你自己。你说的“大”可能代表“高大”，也可能代表“宽大”。你可以像美国人那样从食指开始数数，也可以像欧洲人那样从拇指开始数数。

自然地做手势。不过，我在下文中将推荐一个手势，如果只能推荐一个，这就是最好的那个。

伸 出 手

每当你走到房间前面的时候，你就在自己和目标听众之间制造了一条鸿沟。作为沟通者，你的工作是跨越这条鸿沟，而伸出手臂可以做到这一点。美国电话电报公司（AT&T）曾经有一条非常有名的广告语：“伸出手来，接触你我。”你可以接受这个建议。

请在演讲中伸出手（Reach Out®）。当你伸出手时，你展现了一个握手的动作，这是人类交流的通用符号。握手的起源可以追溯到在雅典发现的一块制作于公元前 410 年的大理石石碑。

石碑的浮雕中，两名勇士身披盔甲，右手挽着右手。虽然没有书面证据表明这个手势的意思，但毫无疑问他们的右手是用来拿武器的。在社会交往中，当一个人伸出空无一物的手时，就意味着这个人没有武器。张开的手代表“我是和平的”，当双方互相紧握对方的手时，就代表“我们是和平的”。

2 400 多年的实践在现代文明中嵌入了同样的信号，我们都习惯了对握手做出条件反射式的积极反应，这又是一种共情。要体验伸出手的强大影响力，请尝试下面的练习。

伸出手练习

转向身边的人，一言不发，突然伸出你的手。尽管你们早已知道彼此的存在，但对方终将向你伸出他的手。

尽管在演讲中，你和听众之间的距离令他们无法向你伸出手，但你的伸手动作会让他们有互动的感觉。它的效果创造了另一种联系和互动的方式。

你有很多机会伸出手。作为心理体验法的一部分，演讲者会考虑“你（听众）怎样做”，并且广泛提及“你”。因此，每当说到“你”的时候，演讲者都可以伸出手来配合：

- “让我为你演示……”
- “我为什么告诉你这些呢？”
- “你听懂我的意思了吗？”
- 当然，还有“维惠”——“它对你有什么好处？”

体育运动和演讲之间的对应点数不胜数。在所有的运动中，伸展都是必要的。你在打高尔夫球和网球时要全力挥臂击球，而不是仅仅将球打中；你在游泳时要全力挥臂划水，而不是狗刨；你在跑步时要迈开大步，在踢球时要尽力甩开双腿。最近的一场足球比赛中，一段电视宣传片展示了一名球员踢球的瞬间，他的身体充分舒展，视频画面将他定格在半空，以突出他的运动及伸展能力。

你可以在演讲中做同样的事情：伸出手，完全伸展你的胳膊，打开肘部。这种充分的伸展是对坚定的握手动作的再现，与社会交际中不受欢迎的那种无力的握手截然相反。

赛富时（Salesforce）公司的董事长兼CEO马克·贝尼奥夫（Marc Benioff）是“充分伸展”的绝佳榜样。在公司的梦想力（Dreamforce）年会上，贝尼奥夫在开场白时利用他的手臂，以及双臂张开的姿态向他的听众展现出热情、信心，以及热烈的欢迎。

欢迎大家来到梦想力，多棒的一天啊！多棒啊，梦想力使我感到前所未有的兴奋，今天大家都聚在一起，也让我非常激动。

尽管伸出手有很多好处，但你会发现它很难做到。你激增的肾上腺素会向手臂发送相反的信号，驱使其进入保护性的包裹身体状态，这又把我们带回了如图 6–2 所示的舒适区悖论：

- 令你感到不适的，让听众感到舒适。
- 令你感到舒适的，让听众感到不适。

当你站在房间前面对听众尝试伸出手的技巧时，你会感到不适，因为你在对抗包裹身体的本能。但由于你是在向听众展现一个友好的握手姿态，所以对听众来说，他们感到很舒适。

让我们回顾一下学习的 4 个阶段。在这里，伸出手是一项新技能。最初的几次尝试，你会卡在第三阶段，即有意识有能力，伸出手会令你感到尴尬。时间久了，你会觉得好一点儿，每次练习之后，都会更好一些。一项新技能在令你感到更好之前都会令你感到更糟，而学习新技能的方法正是接受这一点。

你不是个例。每一个参加我的课程的学员都会在最开始觉得伸出手很难为情，但随后就觉得简单了。以至每当我遇到毕业学员时，他们无一例外地都会向我微笑致意，有力地伸出手臂，并向我热情问好："你好吗？"

将伸出手和手势混搭起来。有时候伸出左手，有时候伸出右手，有时候伸出双手，就像贝尼奥夫那样。有时手向上指，例如说到"我们的收入正在增长"的时候；有时手向下指，例如说到"我们的成本正在降低"的时候；有时一个个地伸出手指，例如你在列举的时候；有时有力地张开双臂，例如说到“这是一个全球性的机会”的时候。

需要注意的是：确保你的手臂充分伸展，手掌打开，所有的手指都伸直。如果你像许多演讲者那样，倾向于用食指指人，那么你要知道，这往轻了说是一种指责，往重了说是一种恐吓。为了避免引起任何负面感受，你要把其他手指都伸直，让它们与伸出的食指一起处在一个张开的手掌上，就像你在握手时所做的那样。

有时你的双手和双臂什么也不用做。让它们垂于身体两侧，回归原位。

这种感觉如何？毫无疑问，不舒适。包裹身体本质上就是成年人版本的胎儿体位，当你在母亲的子宫里时，你就已经用过这个姿势了。每次暴露在听众面前时，你都会重复这个姿势，进而强化这个姿势。对你来说，让双手和双臂回归原位的姿势会令你感到暴露和脆弱。但你的听众感受如何呢？舒适。舒适区悖论又来了。

“回　归”

这并不是说你应该像士兵立正那样直立不动，你只需将双手和双臂放回身体两侧，把这想象成“回归”。

用一只手做完手势之后，立即把手臂放回体侧；接着用另一只手做手势，再立即把手臂放回体侧。伸出手，然后立即把手臂放回体侧；伸出手指列举，然后立即把手臂放回体侧。做完就收。每次用手阐释完你的演讲要点之后，都把手臂放回体侧。

让手臂“回归”能带来 5 大好处：

- **活跃。**当你的手臂放回身体两侧时，你会感到暴露，并被迫将手臂抬高以保护自己。这个动作对你而言是少许的慰藉，对听众而言是一种活跃的表现。这也有助于你阐述内容。
- **动作幅度。**相比包裹身体的状态下，当你的双手和双臂自腰部以下的位置上移做手势的时候，它们的动作幅度会更大，令手势动作看起来更加明显。当你说“这是一个巨大的机遇”时，如果双肘夹在身体两侧，那么你的前臂摆动范围就会非常小，仿佛海豹的鳍状肢，让人不觉得那是什么“巨大的机遇”。在美国橄榄球界，如果球员在接球时没有完全舒展手臂，他们就会被斥为有着一双“鳄鱼的手臂”。当你在说“这是一个巨大的机遇”时，双手和双臂从腰部以下的位置抬起，它们就会移动的距离更长，从而表达出“巨大的机遇”的意思。
- **镇定的姿态。**当你的双手和双臂处于包裹身体的状态时，肩膀会向前探，头也会低下来。当你的双手从包裹身体的状态下解放出来时，双臂会放回体侧，肩膀就会收回，头就会抬起，你看起来挺拔而镇定。
- **标注。**当你的一只或两只手臂自然地放回体侧时，它们在你的手势和话语中加入了一个可视的句号。
- **激活声音动态。**将你的双手和双臂放回体侧最大的回报就是这一点。当你自腰部以下抬起手臂并伸出手时，这一动作会连带着抬升你的胸部。这个简单的动作令你的肺部收缩，使气体从口中呼出，让你的声音充满活力。你的双手和双臂扮演了水泵手柄或者风箱手柄的角色。

声音动态

利用“风箱效应”（Bellows Effect）激活你的声音动态。

“风箱效应”

无须多想，伸出手的动作会自动激活你的声音动态，包括音量和音调（表 3-1 中相邻的两项）。如果你讲话太大声，会损伤声带；如果你讲话太小声，会让人感觉像在耳语；如果你要强调某些特定的词语，会让人觉得是在演戏。利用伸出手的动作，你可以自然地控制所有声音动态。

伸出手可以取代所有勉强的、表演性质的努力。从“回归”位置伸出手能够激活你全部的声音动态，这一动作将语言和你所有的视觉元素、声音元素联结在一起。伸出手和其他自然的手势利用“风箱效应”激活了你的胸部和肺部，这轻松地为你的内容增添了多样性，让你的语言充满了抑扬顿挫感。尝试下面的练习，感受一下“风箱效应”是如何起作用的。

“风箱效应”练习

让我们使用“维惠”作为这个练习的载体。大声说 3 次“这对你有什么好处？”第一次，坐着说。第二次，站起来重复一遍。第三次，还是站着说，并在说到“你”的时候伸出手。你会听到自己的声音一次比一次大，一次比一次有活力。

“风箱效应”与“包裹身体”的效果截然相反。当你的手臂压在肋骨上，处于包裹身体的状态时，胸部和肺部都受到了挤压，从而限制了气体的流动，也便从源头限制了声音的发出，这会让声音变得低沉。“风箱效应”则推动气流，激活了你的声音动态。

这种负面的声音动态从未困扰过著名的保守派思想家、杂志编辑、专栏作家和电视脱口秀明星小威廉·巴克利（William Buckley Jr.）。在 33 年的时间里，他在公共电视频道主持了 1 504 集的《火线》（*Firing Line*），聪明的头脑、冷峻的幽默、犀利的讽刺和争强好辩是他的标志。

但巴克利同样以其独特的嗓音闻名，《石板》（*Slate*）杂志曾这样描述他的嗓音："贵族式的拖腔、准英式发音，还有……来自康涅狄格州的牙关紧闭症患者口音。"确实，他说话的时候嘴唇几乎不动，而且身体还会妄自尊大地向后靠在他的座位上。这就是他讲那些文雅笑话时的样子。

不过与其效仿巴克利，不如把肯尼迪作为你的演讲发音榜样。

让我们回顾一下本章开头描述的肯尼迪与尼克松的辩论，当时，肯尼迪反复地变换语调来强调他的关键词。我用下划线标出了他强调的词语：

> 我认为我们这一代美国人也在面临同样的境遇。现在的问题是：在有史以来最严峻的攻击下，自由还能维持吗？我认为是可以的，归根结底取决于我们如何去做。我认为美国是时候再次起航了。

我们对这段辩论视频进行了技术处理，从中可以看出，肯尼迪每次强调他的关键词时，都会有力地挥动右臂。这就是对"风箱效应"的运用。

另一个利用手臂动作来激活声音动态的典范是埃米·张（Amy Chang），她是思科协作技术组的高级副总裁兼总经理。张女士虽然身材娇小，但她利用活跃而富有表现力的手势，发出了非常洪亮而充满活力的声音。以下是她在企业连接大会（Enterprise Connect Conference）上的演讲实录，她以手臂动作对一些词语进行了强调并同步激活了声音动态，让语调产生变化，我用下划线将这些词语标了出来：

> 非常感谢大家热情的欢迎！那么，在接下来的 30 分钟里，我

的任务是通过一个全新的视角、一个认知的视角，向大家展示思科的协作内容。那么我们会快进，首先跳到未来状态，接着我会拉回来，一步一步地将它翻译成现在呈现在你们手中的内容。所以今天，这个已达数百亿美元的业务，刚刚在上一份收益报告中宣布实现了 24% 的同比增长率之后……

此时，视频画面变成了动画片段，我们看不见张女士了，但可以继续听到她活力十足的声音。毫无疑问，她的手势为声音注入了活力：

我们非常激动地介绍认知协作的概念。

现在，学习我在本章开头提到的关于线上演讲和电话陈述的技巧。由于在线上演讲时，你的眼睛、表情、站姿、双手和双臂并不总是能被听众看到，因此你的声音就成为信息的主要载体。换句话说，由于视觉动态的缺失或最小化，声音成了语言的主要承载者。

喜剧演员泰勒·斯坦顿（Tyler Stanton）和特里普·克罗斯比（Tripp Crosby）制作了一段视频，吐槽了只有声音的在线演讲。视频中，几个人一个接一个地进入一个现实中的会议室，如同在线登录，但他们仿佛看不见会议室里的其他人。在会议进行的过程中，他们展示了这类会议中常见的槽点：每个人进入会议室时那机械而呆板的介绍的声音、迟到者打断讨论的声音、串音、意外静音、令人尴尬的沉默，以及背景音中的狗吠声和汽车喇叭声。这段视频可以帮助你理解面对面交流的价值。

尽管存在缺陷，但线上演讲仍将存在，并且一定会不断改进。由于声音通常是你线上演讲时唯一或主要的表达载体，你必须特别注意对它进行优化。

你可以这样利用“风箱效应”：当你说话时，尤其是只有语音交流（即电话会议）时，要保持站立。就像你在刚刚的练习中学到的那样，站立可以让你的胸部和肺部得以充分扩张。当你坐下时，手臂可能会搭在桌子或椅子的扶手上休息，这会让你的胸部和肺部收缩，而站立可以令它们充分扩张。坐姿还会使你在看电脑屏幕或用电话对讲时低头，从而压缩喉咙中的气流，而站立打开了气流通道，声音会宏亮。

为了保持气流通道畅通，站立时请抬起下巴。为了避免看电脑屏幕或笔记时低头，你可以将它们放到可调节的书桌上或一摞书的上面。歌手在录制唱片的时候，会把乐谱放在一个抬高的架子上，以便自己的头部和胸部是抬起和挺起的状态。图 7-2 展示了伟大的弗兰克·辛纳屈（Frank Sinatra）是如何通过抬起头和举起双臂来优化自己的声音的。

图 7-2　弗兰克·辛纳屈抬头并举起双臂来优化声音

我有一位客户是一家上市公司的 CEO，他在召开季度业绩报告电话会议时就选择了站立演讲，并把法律顾问审核过的讲稿摆在一个抬高的乐谱架上。我建议，解放你的双手和双臂去做手势吧，伸出手并激活你的声音吧，无论你是利用电脑音频，还是购置一套高品质的免持式麦克风。

考虑到一些线上会议的时长，站立不总是可行的。当你坐下的时候，要注意你的坐姿，因为坐姿经常会令一个人看起来无精打采。按你妈妈经常对你说的去做：坐直。抬高你的下巴并保持，让你的胸部和喉咙这些极为重要的气流通道部位保持畅通。使用一把符合人体工学结构的椅子来支撑你的脊柱，如果你的椅子有滚轮的话，那么你需要确保自己不会移动到网络摄像头之外，不要让你从线上听众眼前消失。如果你的椅子很容易滑动，你可以把轮子锁住或者找一把没有轮子的椅子。

网络摄像头是以涵盖头部和肩膀的狭窄角度拍摄的，因此你的双手大部分时间都在镜头之外。当你做手势的时候，双手会进入镜头，而为了避免你的手势分散听众的注意力，请记住此前莎士比亚的建议：

> 不要老是把你的手在空中那样挥来挥去，一切动作都要温文尔雅……

进行组合

现在，如果你站起来，尝试以上所有步骤，那么你会开始考虑在同一时间扬起眉毛、点头、平衡站姿，以及挥舞手臂，从而超出负荷。为了避免分析性瘫痪（paralysis by analysis），稍后我会把之前的指导提炼成一些简短易记的要点。但首先，请记住，所有这些指导都有一个共同点：它们都是定性的，而不是定量的。

定性与定量

作为一名教练，我从来不说“更大、更小，更快、更慢，更洪亮、更轻柔，更快、更窄……”这些词是定量的指令，而你和其他演讲者都不是表演者。你在本章学到的每一条指导内容都是对性质的描述，描述了你和另一个人交谈时的互动：

- 你的眼神看向对方，直至与对方眼神接触。
- 你的面部表情反映出你的热情。
- 你点头表示赞同。
- 你平衡的站姿显得镇定。
- 你伸出双手和双臂，再现了握手动作。
- 你用坚定的语气和停顿传递你的信息。

你也可以把这几条看成一根链条，即一系列彼此连续的指导内容。若要演示这一系列指导内容，可以逐步进行下面的练习。

连续行动练习：ERA

- 走到房间前面，想象房间里有一群听众，从中选一个人：比如房间中心的一位女士。
- 想象一下那位女士。她知道什么？她需要知道什么才能对你的信息做出亲切回应？
- 与那位女士眼神接触，同时向她伸出手。当你伸展手臂时，身体也会跟着伸展。当你身体前倾时，你会微微颔首，这会令那位女士不由自主地对你点头回应。为了保持与她的眼神接触，你必须往上看，让眉毛抬起来，使你的面部表情更具表现力。

因此，当你连续与听众进行眼神接触和做出伸出手的动作时，你就激活了所有的视觉元素。也正是这两个要素，使你的声音富有活力。所以，眼神接触和伸出手这两个相关联的简单动作，构成一套连续行动，它激活了你所有的视觉和声音动态。

在对上述连续动作的诸多说明中，有 3 点是至关重要的：

- 眼神接触。
- 伸出手。
- 活力。

你可以把这 3 个要素视为一个等式：**眼神接触 + 伸出手 = 活力。**

我们还可以将这些要素进一步简化为 3 个字母的缩写，即 ERA：

- 眼神接触（EyeConnect）。
- 伸出手（ReachOut）。
- 活力（Animation）。

ERA 是你表达内容的方式，它将视觉、声音和语言动态统一成一种力量。当你的眼神从一个人转移到另一个人，在听众之间移动时，要对每一个人进行“ERA”（如图 7-3 所示）。

图 7-3　眼神接触 + 伸出手 = 活力

资料来源：里奇・霍尔。

有了 ERA 和“一对一交谈”，现在你已经认识“大师技能循环”中的前两项了（如图 7-4 所示）。

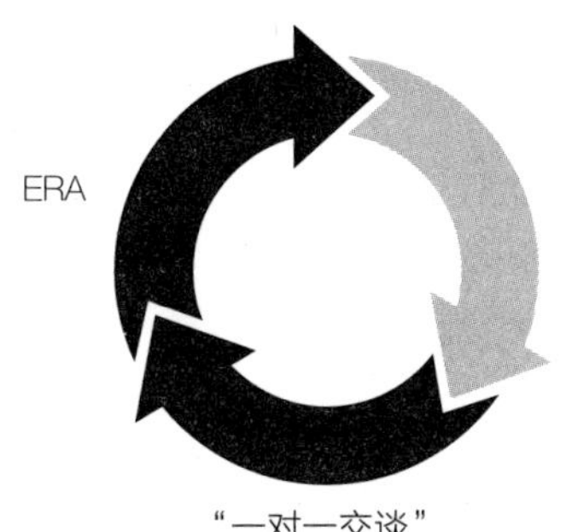

图 7-4 “大师技能循环”中的前两项——“一对一交谈”和 ERA

第三项大师技能涉及声音。现在你已经知道，ERA 可以用来激活声音动态的 5 个组成部分中的 2 个：音量和音调。而声音动态的另外 3 个组成部分是节奏、叙述模式和语气词，它们都属于韵律的范畴，也是接下来两章内容的主题。

TIPS 魏斯曼完美演讲

“大师技能循环”第二项：眼神接触 + 伸出手 = 活力。眼神接触和伸出手这两个相关联的简单动作，构成一套连续行动，它激活了所有的视觉和声音动态，将视觉、声音和语言动态统一成一种力量。

THE POWER PRESENT

第 8 章

掌控演讲中的节奏

> 无论描写对话还是叙述故事，我都非常注重节奏。一定要有节奏……要有节拍。
>
> ——埃尔莫·伦纳德（Elmore Leonard）

虽然埃尔莫·伦纳德写过无数的小说和短篇故事，作品畅销数千万册，但他最有名的还是以他作品改编的电影，特别是片中人物的犀利对白。

演讲中的抑扬顿挫相当于音乐中的节奏。音乐需要节奏，演讲也需要，这是一种度量单位，而说到演讲的度量单位，让我们先来看语言，或者说内容。在文本，也就是语言的书面形式中，度量单位是句子。

不过，口语和书面语是不同的。当我们说话时，一般不会组织出一个完整的句子，也就是说，我们一般讲的“句子”在成分上是不完整的。口头的话语以片段的形式出现，被省略号打断，或者杂乱无章，像漫无边际的遐想那样时断时续。当我们把口语写下来时，会发现它是支离破碎的。如果你在一份报纸或杂志上看到一篇采访实录附在文章之后，那么你很有可能需要重新阅读那段文章，才能理解这篇采访实录。

你的听众没有倒带按钮。如果他们没有听懂你在说什么，就会掉队，他们必须花费很大力气才能重新赶上你的思路。用不了多久，他们就会停止尝试，不再理会了。但是，如果你说话时有清晰连贯的节奏，听众就更容易跟上你的思路。

用短语恰如其分地控制节奏

说话时的节奏要与语言的表达进程相一致。演讲的度量单位是句子的细分，是口语中不能再继续分解的单元，即短语。

- 有些短语非常长，非常复杂，由很多很多的单词组成。
- 有些短语短一些，包含的单词少。
- 有些短语更短。
- 有些短语还要短。
- 有些短语不能再短。

因此，一个短语可以由多个单词、两个单词，甚至一个单词组成。

不管由多少个单词组成，这些短语都有一个共同特征：每个短语都是一个完整的逻辑单元，每个短语都是一个独立存在。每个短语都是一个整体、一个完整事项，是你内容的一部分。每个短语都有明确的开头和结尾。

如何表达出短语结尾？你可以在短语的末尾降低你的声调，用降调来表示这一逻辑单元。这种声音模式是一种独特的技巧，我称之为“完成弧度”（Complete the Arc®）。

用声音动态完成语言逻辑

用你的声音来完成内容逻辑的“弧度”，用声音动态来完成语言逻辑。在短语的末尾降低声调来表示你的逻辑，这样，你就完成了每个观点的收尾，最重要的是，你为听众提供了清晰的思路。

你会注意到，这条指导中没有数字出现，既没有单词计数，也没有时间长度，这是因为每一个短语都是不同的。此外，你无法在说话的同时数词或者数秒。“完成弧度”是从性质上衡量与定义每个短语的长度，而不是从数量上。

保持眼神接触直到“完成弧度”。你需要在整个过程中与一个人保持眼神接触，不管过程有多长，最后都要降低声调。与这个人保持互动，直到表达完一个短语的完整含义。在第 7 章，我曾阐明眼神接触的时长，至少应保持到你读取到演讲对象的反应之后。现在我阐述的是眼神接触时长的另一方面：最理想的互动时长。

我之所以在阐明眼神接触的时长时将其分成最小互动时长和最大互动时长这两个阶段，是因为时间偏差会驱使你做出相反的行为，令你不断地扫视房间。而“完成弧度”可以帮助你摆脱时间偏差的影响，它整合了两个阶段：观察反应和提供逻辑。

音乐中的“完成弧度”

回想一下贝多芬著名的《命运交响曲》的旋律，以及那熟悉的 3 个短音符接 1 个长音符的模式：“邦—邦—邦，邦”，最后一个音符“邦”完成了这个音乐短语的“弧度”。如果你只听到“邦—邦—邦”，你就会感觉到音乐是不完整的。

在音乐中，这种模式被称为“紧张和放松”（tension and resolution），它指的是一段上扬的音乐旋律最后在释放的节奏中达到高潮。

想一想大家都熟悉的敲门方式，它由5个短音符和后续的2个长音符组成：“邦—邦—邦—邦—邦，邦，邦”。这也被称作“剃须和剪发，两毛五”（Shave and a hair-cut, two bits）。如果你只听到“邦—邦—邦—邦—邦”，你就会感觉到敲门声是不完整的。

作曲家伦纳德·伯恩斯坦（Leonard Bernstein）和作词人斯蒂芬·桑德海姆（Stephen Sondheim）在他们的传奇音乐剧《西区故事》（*West Side Story*）中，就使用了这种令人熟悉的旋律模式，作为音乐剧中的喜剧性歌曲《哟，克鲁普克警官》（*Gee, Officer Krupke*）的高潮部分。

为了更好地理解“完成弧度”的力量，请尝试下面的练习。

“完成弧度”练习

当你和一群朋友在餐厅里，或与同事坐在会议桌前时，突然间，你用指关节敲击桌面：“邦—邦—邦—邦—邦”，然后突然停止。接着，很有可能会有一两个人在没有任何提示的情况下，也用指关节在桌面敲击:“邦，邦”，这就是一个“完成弧度”。

这种表达音乐短语逻辑的本能冲动超越了文化界限。太平洋声音与演讲基金会（Pacific Voice & Speech Foundation）主席克里奇斯佐托夫·伊兹德布斯基（Krzysztof Izdebski）曾邀请我在该组织的一次年会上介绍“完成弧度”的概念，与会者都是声音与演讲方面的专家，来自世界各地：日本、俄罗斯等。伊兹德布斯基介绍完毕之后，我走上演讲台，一言未发，只用指关节敲击演讲台：“邦—邦—邦—邦—邦”，然后停顿下来。我没有说话，但听众当中有一些人在身边任意的坚硬表面上，如座椅扶手、笔记本电脑或者公文包，也用指关节敲击起来：“邦，邦”！

他们都在“完成弧度”。

电影和视频剪辑中的“完成弧度”

电影和视频剪辑是体现“完成弧度”重要性的另一个例证。想象一下你在看一段电视新闻，假设新闻里有一名政府官员说：“我认为这是一个好主意……”随后，当这名官员的上升声调悬于半空时，画面突然切换给一名记者，这名记者开始对这名官员的发言发表评论。在这名官员声音的升调处进行剪辑，这被电影和视频剪辑人员称为“上切”（upcut），因为它听起来像是话未说完，听众则不知道这段发言是否还有更多的内容。这名官员是否继续说了“但是……”然后抨击了那个主意呢？剪辑人员是否修改或篡改了这名官员发言的含义呢？大概率不会，只不过在受截止日期驱动的新闻行业中，剪辑人员只好根据文本来剪辑，而不是声调。

控制声调变化

如果你在短语结尾处没有降低声调，或者抬高了声调并让它悬于半空中，那么这句话听起来就不完整了。举个例子，想象一下，我直视着你的眼睛说：“演讲最重要的方面是……”然后我突然把视线移开，接着说完这个短语：“……自信！”这会令你感觉如何？往轻了说是唐突，往重了说是粗鲁。

你在说完那个短语之前，要一直看着与你互动的那个人的眼睛，从头到尾与他保持眼神接触。“演讲中最重要的方面是自信！”说完这句话之后，你再转移视线去与另一个人互动。互动时多说一个单词，看起来微不足道，但影响却非常显著。你可以在接下来的练习中感受到这种影响。

升调与降调练习

向一个你认识的人分别表达升调与降调这两种不同变化，观察这个人对不同声调的反应。即使是练习，反应的区别也是显而易见的。

疑 问

如果你在短语结尾处抬高声调，那么将使一个陈述句变成疑问句。疑问句听起来是不确定的或令人半信半疑的，而陈述句听上去很自信，是每位演讲者都想传递给别人的感受。下面的练习展示了疑问句的不确定和陈述句的确定之间的区别。

疑问练习

说一个简单的短语，比如“我在某地（如家乡）长大”。说两次，第一次在结尾处采用升调，表达疑问语气；第二次在结尾处采用降调，表达陈述语气。听出区别了吗？

我在汽车语音导航系统中发现了一个关于升调与降调效应的有趣例外。当我输入目的地之后，一个录制好的男声在导航时，用升调或降调的方式表达不同的含义。每次提供路线指示的更新时，这个男声都在最后一个词上采用升调：“继续在皇家大道行驶约 5 千米……”“继续在皇家大道行驶 3 千米……”“60 米后左转……”语音的升调制造了悬念，并表明我还未抵达目的地。不过随后，语音导航最后一条播报“您已抵达目的地”时，就会在最后一个词上使用降调，为行程收尾。

这种模式对导航系统来说很有效果，因为它是在指导一段持续的行程；但这一模式对演讲者不利，因为对他们而言，升调表示不确定。

“升调语式”

升调与降调中，声音幅度的一个极端是所谓的“升调语式”（UpSpeak），即在短语结尾时声调上升，上升的幅度甚至比表达疑问句时还要大，一直上升到变得彻底没有意义为止。在一段视频中，加里森·弗罗斯特（Garrison Frost）在演示林肯葛底斯堡演讲中的第一句话时，采用了两种方式：“惯常说法”和“升调语式”。关于后者，弗罗斯特在下面这句话的每个短语末尾，即每个逗号节点，都把声调抬高，削弱了那些不朽之词的力量：

87 年前，我们的先辈在这片陆地上创立了一个全新的国家，它孕育于自由的理念，奉行“人人生而平等”的原则。

使用“升调语式”常被认为是青少年行为，因为人们在听到这种模式的语言后会感觉对方的言谈和形象都很稚嫩。喜剧演员把这种说话方式称为“山谷女孩口音”（Valley Girl Talk）。

英国喜剧演员兼作家斯蒂芬·弗莱（Stephen Fry）表示山谷女孩口音“主要见于美国西海岸，是一种特别女性化的说话方式”，并示范过这种口音：

我的名字是曼迪……[升调]

我想当班长……[升调]

不过“升调语式”不仅限于山谷女孩，美国总统也会这样做。乔治·H. W. 布什在佛罗里达州的一次演讲中就陷入了“升调语式”的模式中：

这次旅行跟我上次在迈阿密过夜的那次有点不同。昨晚我和杰布（Jeb）吃了一些螃蟹……[升调]

……一起的还有 1972 年迈阿密海豚队（Miami Dolphins）队员……[升调]

……丹·马里诺（Dan Marino）和他那充满活力的妻子……[升调]

……电视明星，安迪·加西亚（Andy Garcia）……[升调]

……电影明星。我们有一段奇妙的经历！这次的体验更好，顺便说一句，这比准备总统辩论好多了。

"气 泡 音"

升调与降调中，声音幅度的另一个极端是"气泡音"（Vocal Fry），说话者在短语结束时会把声音压低成一种刺耳而低沉的隆隆声。这种说话方式引起了广泛关注，很多年轻女性纷纷采用，据说她们是在模仿一些明星。这也引发了很多媒体的关注和议论，因为这一说话方式会给使用它的年轻女性带来负面影响。《卫报》的一篇文章总结称："年轻女性采用这种说话方式，会令人感觉她们无能、不可信，受教育程度低。"

不过，不仅限于年轻女性，这种说话方式也会令成熟女性听起来不那么值得信任。

吉尔·艾布拉姆森（Jill Abramson）是一名经验丰富、受人尊敬的记者，她一步步晋升为《纽约时报》首位女性执行主编。由于与管理层的分歧，她在该岗位只待了 4 年就被突然辞退，于是她重回老本行，写了一本书，名为《真相的商人》（*Merchants of Truth*）。

然而，这本书的出版给她带来了更多的麻烦。《滚石》（*Rolling Stone*）

杂志记者杰克·马鲁利（Jake Malooley）警觉地发现，艾布拉姆森在书中使用了其他人撰写的几段文字，一字不差，却没有注明出处，这属于抄袭，是文学界的重罪。更糟糕的是，犯错的还是一名编辑。“这真是太讽刺了。”马鲁利写道，“一位行业资深人士、哈佛大学新闻讲师，却在一本关于当代新闻‘为真相而战’的书中犯了错。”

为了自我辩护，艾布拉姆森在媒体界四处奔走。奔走路途上，其中有一站是美国公共电视网的访谈，由受人尊敬的沃尔特·艾萨克森（Walter Isaacson）主持。艾萨克森曾是《时代》周刊的总编辑，现在是美国杜兰大学的历史学教授，也是乔布斯和达·芬奇的传记作者。

艾萨克森说：“你被指控抄袭，因为你的那本书中有几段文字几乎是逐字逐句照搬别人的，而且没有正确地注明出处……你是剪切、粘贴的吗？”

在艾布拉姆森犹豫的回答中，她多次将声音降成气泡音，我用下划线标出：

> 我没有做多少剪切和粘贴，<u>有些</u>，呃，你知道，但是我不认为，有 3 个案例是<u>没有</u>对作者或出处进行标注的。我有，你知道，第 70 页的附注和 835 条单独的引用。我使用了，嗯，一种形式的脚注，我之前从未使用过，它被称为“<u>词后尾注</u>”，嗯，我很确定，那是可以作为来源的。有的人生气是因为，我使用了一些资料，但在使用其他人在采访中的其他引语时，却没有进行单独的尾注来说明<u>这一</u>点。我认为那不是那种形式所<u>要求</u>的。但回头看这件事的时候，我，我希望当时自己能<u>更仔细</u>一点。

解决“升调语式”和“气泡音”的方法正是“完成弧度”。

“完成弧度”的运用

现在我们来看 3 个正面案例，他们完美地使用了“完成弧度”，尽管采用了不同的模式。

英格兰银行行长马克·卡尼（Mark Carney）在加拿大长大，在哈佛大学求学，习惯使用复合语句。当他宣布英国脱离欧盟的决定时，在长句末尾使用了降调：

> 早上好。英国人民已经投票决定脱离欧盟。[降调]
>
> 这个结果不可避免地会带来一系列不确定性和调整，但正如首相今天早上所说的那样，我们的日常出行、货物运输或服务销售情况不会有重大的改变。[降调]

他还用“完成弧度”的方式为一连串的短语收尾：

> 英国还需要一段时间与欧洲和世界其他国家建立新的关系。[降调]
>
> 所以，在此过程中，市场和经济预计会出现一些波动，但我们已经为此做好充分的准备。[降调]

他完成了“弧度”。

通用汽车现任 CEO 玛丽·博拉（Mary Barra）在密歇根州长大并接受教育，习惯使用简短的词句。一次，该公司因点火开关缺陷，260 万辆汽车被召回，当她就此事责问通用汽车的员工时，也在语句末尾使用了降调，我在下文中用转行表示：

但在我带领大家度过这场危机的过程中，我希望每个人都明白我遵循的两条清晰的原则。

第一，我们要为受损失的人做正确的事情，

第二，我们要为自己的错误承担责任，

并承诺在力所能及的范围内尽一切努力确保此类事件不再发生。

我不想跟你们说这些，就像你们不想听这些一样。

但我想让你们听进去。

事实上，我想让你们记住，

我想让你们永不忘记。

她完成了“弧度”。

因德拉·努伊（Indra Nooyi）曾在百事可乐公司担任了12年的CEO，在任职期间，她被广泛认可为商界最有权势和影响力的女性之一。她在家乡印度长大，从小说泰米尔语（Tamil）。

像其他印度语种和方言一样，泰米尔语的特点是声调上升，轻快而有旋律感。但当努伊说英语时，她的“完成弧度”做得很好，明确表现出了她所拥有的权威和自信。离开百事可乐公司一年后，在印度新德里总统官邸举行的一场活动中，她由于取得的诸多成就而受到表彰。在获奖感言中，她也在句子末尾使用了降调，我在下文中用转行表示：

伟大不是来自一个职位，而是来自对建设未来的助力。

我们所有位高权重的人都有义务扶助他人。

你们知道，我今天站在这里，我的任务并不是接受荣誉。

我把它视为接受挑战、接受责任……

一种义务，让年轻人有机会成长起来，取得伟大的成就，在未来某个时刻也能登上这个舞台。

所以，谢谢你们……授予我这份殊荣。

她完成了“弧度”。

为了使短语成为你说话韵律的基本节奏，你还必须考虑用什么将两个短语分隔开。在书面语中，那可能会是一个逗号或者句号。口语中的标点符号是停顿，这是下一章的主题。

TIPS

魏斯曼完美演讲

掌握演讲时的节奏，说话时有清晰连贯的节奏，听众就更容易跟上演讲者的思路。用短语恰如其分地控制演讲的节奏，在短语的末尾用升调与降调来表示不同的语言逻辑。

THE POWER PRESENT

第 9 章

留白，让听众更好理解

> 没有什么比恰到好处的停顿更有效。
>
> ——马克·吐温

我们再一次找到了音乐和语言的完美类比。在音乐中，停顿这种无声的间隔被称为“休止符”，每位作曲家、歌手和音乐家都能充分感受到休止符的价值。看一看这些例子：

- 据说莫扎特曾声称，最强大的音乐效果就是无声的音乐。
- 弗兰克·辛纳屈和艾拉·菲茨杰拉德（Ella Fitzgerald）都因其美妙的音色而受到赞赏，而他们对歌词的诠释也同样受到称赞。他们两人都用停顿来修饰和组织词句，有时候停顿的时间与音符唱出的的时间一样长。
- 伟大的爵士乐小号手迪齐·吉莱斯皮（Dizzy Gillespie）对停顿有他独特的见解：“我花了大半生的时间才弄明白哪些音符不该演奏”。

在演讲中，停顿是指短语之间的时间间隔，当你的视线从一个人转换到另一个人的时候，停顿最有效。

这段沉默时间有很多好处。第一，你可以思考下一个短语。这是一个非常重要的好处，因为它可以让你为接下来要说的话做好准备。它还会带来第二个，也是更重要的好处：可以让你的听众理解你刚刚说过的话。这两个好处都非常重要，不过还有第三个好处，它甚至更加重要，比之前两个加起来还重要，那就是呼吸。

你吸入的气体中包含氧气，它不但能维持你的生命，还能使你放松，进而抵消肾上腺素激增带来的焦虑。

当你进行呼吸的时候，你是说不出话的，一个字也说不出来。你没办法说“呃”这种可怕的语气词。试试看，深吸一口气，同时尝试说“呃”，你是做不到的。吸入空气时你是无法发音的，因此，停顿的第四个好处就是消除语气词。

可怕的语气词

可怕的语气词是演讲者普遍害怕的东西。演讲界的集体惯例已经使说“呃”成为一种“大罪”，演讲者回避说“呃”，像是在躲避瘟疫那样，因为他们害怕自己的话听起来模棱两可。

语气词能够影响最有经验的演讲者，甚至是肯尼迪这样伟大的演说家。

1962 年 2 月，肯尼迪总统举行了一场新闻发布会，会上有以下对话：

记者：总统先生，共和党全国委员会的一份出版物说，在美国卷入越南战争的程度上，你对美国人民表露得不够坦诚。你能对此多做一些解释吗？……你是否觉得，考虑到这个话题的敏感性，你已经向美国人民说得足够多了？

肯尼迪：我们已经增加了后勤援助。我们没有向那里派遣战斗部队，尽管我们接到的训练任务是，如果他们遭到攻击，呃，他们，呃，将会，当然，还击以保护自己。但是我们没有派出，呃，通常理解中的作战部队，呃，真正意义上的……而且，呃，我们正尽自己所能收集信息，以符合我们，呃，在该地区的安全需要。所以我，我觉得，呃，我们已经，尽可能地，坦诚了。我想，我对你所说的这些，就是对我们在那里的行动的描述。

大多数消除语气词的方法都是基于消极方式的条件反射，比如，“不要说‘呃’！”或者“每说一次‘呃’就罚你 25 美分。”如今甚至出现了一款专门的应用程序，它将这些语气词标记为“填充词”，并向演讲者的移动设备发送实时信号。

厌恶疗法对爱咬指甲的人或吸烟者不起作用，对演讲者也不起作用。告诉罪犯不要做什么，通常会导致罪犯更频繁地去做这件事。如果你告诉一个焦虑的人平静下来，这个人很可能会更加焦虑。演讲时肾上腺素激增就是一种焦虑的形式。告诉一名演讲者不要说“呃”，只会带来更多的“呃”。

反过来，尝试用一种积极的方式，告诉演讲者要做什么：停顿。只需要停下来呼吸一下，这是消除语气词的唯一方式。

停顿的 10 个好处

停顿时的呼吸还会给你带来第五个好处，它使你的肺部充满空气，为你的发声提供更多能量，并使你的声音听起来更有活力。

只需要一个彻底的停顿就可以获得这 5 个好处！

停顿的好处

1. 给演讲者思考的时间。
2. 给听众理解消化的时间。
3. 给演讲者呼吸的时间。
4. 让演讲者的语气词消失。
5. 让演讲者的声音有活力。

使用第二语言

上述第一个和第二个好处都能各自带来另外一些更进一步的好处，这些好处与持续不断的全球化交流相关。如今，很多演讲者都以英语为第二语言，所以停顿不但给他们提供了思考的时间，还提供了从母语翻译过来的时间。我的许多商业客户都把英语作为第二语言，而且说得非常好。然而，不管他们的母语是汉语、日语、印度语、西班牙语、法语、意大利语、俄语，还是希伯来语，他们在说话时，大脑都必须通过两条神经通路来处理母语和英语的转换。停顿使两条神经通路都畅通无阻。

除此之外，由于把英语当作第二语言的演讲者在说英语时很可能带有口音，停顿也给了听众一些时间来处理不熟悉的发音，以消化其含义。我曾教过一名法国绅士，他在最初的几次试讲中使用了“ontairpreez”这个词，而我不理解这个词的意思。但后来，当他学会停顿后，我才理解，他说的是“enterprise”（企业）。再后来，他在演讲中说“ze ‘oul onsheelahdah”，然后停顿。在他停顿的时间里，我想明白了他说的是“the whole enchilada”（一整个玉米卷饼）。

欧洲央行行长克里斯蒂娜·拉加德（Christine Lagarde）在法国出生和长大，并在那里接受了个人的大部分的教育。她在青年时代有一段时间靠奖学金在美国读书，并担任美国国会议员的助理，因此她的英语非常流利。她在说英语时带有一点点法国口音，但她经常停顿，给自己留下了思考两种语言如何转换的时间，也给她的听众留出时间来消化她的发音。当她接受戴维·鲁宾斯坦（David Rubenstein）在彭博有线电视节目的采访时，她谈到了国际货币基金组织（IMF）：

拉加德：国际货币基金组织是在 75 年前由 44 名男性建立的，他们当时决定……

鲁宾斯坦（打断）：没有女性？

拉加德：那时候没有女性。[停顿]所以是 1944 年的 44 名男性，[停顿]在第二次世界大战结束前夕，[停顿]意在避免重大的经济危机[停顿]和世界上的重大不稳定形势，他们认为这些导致了战争。[停顿]所以这就是目的。

鲁宾斯坦：你们的钱从哪里来？

拉加德：所有成员国。[停顿]所有成员，189 个成员，[停顿]每个成员都为这个公共资金的筹集做出了贡献。

这种停顿也让拉加德显得从容、严谨和理性，这是一位央行行长必须具备的品质。

当然，那些以英语为母语并可以用第二语言流利发表演讲的人，当他们停顿的时候，必然也会为自己和听众带来同样的好处。

停顿的更多好处

停顿期间，当你把视线从互动对象处移开时，你的眼睛会扫过一片无人地带。在那片地带，你可能会看到一杯咖啡、一叠纸、一部移动设备、一个水杯、一副眼镜、一台电脑，然后，你终于看到下一个人。所有这些图像都是你眼睛接收到的数据信息，并通过视神经传输到大脑进行处理。如果你试图在大脑处理这些信息的时候说话，你的大脑就会超负荷运转。两条能量路径，即感官数据的输入和输出一旦发生了碰撞，你的大脑将变得一片空白。完蛋！

所有的这些感官处理产生了一种“瀑布效应”（cascade effect）：你的大脑将你超负荷运转的信息传送到肾上腺，触发“战斗—逃跑反应”，产生消极行为，给听众带来消极感受，使听众产生躁动，让你感觉这次演讲不够成功，之后甚至会激发你产生更多的肾上腺素。恶性循环变成了旋涡，小瀑布变成了大洪水。哎！

相反，当你的目光在扫过无人地带时，你完全保持沉默，你的大脑就只需处理数据输入。这就是停顿的第六个好处：减少感官的超负荷运转。

停顿的第七个好处在于，由于你的眼睛没有来回扫视，听众会认为你很有把握、很有信心，这是一种积极的感受。

当你说完你的短语时，停顿一下，从而简洁地对短语进行了强调，这是停顿的第八个好处。

对于那位刚刚接收到你的短语的听众，你也可以观察他的反应，然后根据你所看到的反应来调整内容，这是停顿的第九个好处。

停顿的最后一个好处，也是最重要的一个好处是，你可以控制节奏。

注意，我说的是控制节奏，而不是放慢或加快节奏。作为一名教练，我从不要求学员加快或放慢语速，因为一个人的说话速度是无法加快或放慢的。我在纽约市出生和长大，在那里，停顿简直是种罪过。

要让我说话慢一点是不可能的。如果我试着放慢语速，听起来就好……像……我的……电池……没电……了（此处放慢语速）。相反，我每个短语都说得特别快（此处加快语速），然后我停顿一下，接下来我又说得特别快（此处又加快语速），然后我再停顿。因此，与其试着放慢语速，不如去控制节奏。

地理位置决定了节奏。如果你在一个快节奏的城市环境中长大，你的节奏很可能是快的；在郊区，节奏适中；而在农村地区，节奏会慢些。这就是为什么像我这种来自大都市的人说话总是很快，而南方人说话会慢吞吞的。这些模式在每个人很小的时候就已经形成，并在多年的重复中得到强化，就如同你难以改变自己的惯用手是右手还是左手那样。停顿使你能够控制节奏。

综上所述，停顿又给你带来 5 个好处。

停顿的好处

6. 减少演讲者的感官负担。
7. 使演讲者获得积极感受。
8. 演讲者用来强调话语。
9. 演讲者用来观察反应并调整内容。
10. 演讲者用来控制节奏。

一共 10 个好处，你什么都不用做，只需停顿就能全部获得！

虽然停顿的 10 个好处都很重要，但第二个更胜一筹：给听众理解消化的时间。停顿让你的听众有时间在沉默中消化和思考你刚刚说过的话。他们的时间越多，就越能仔细思考你的观点。想象一下，你的听众在消化你的每一句话的时候，都像在品尝一勺最稀有、最昂贵的白鲸鱼子酱。不要让他们对如此有价值的东西狼吞虎咽，不要让自己陷于这种常见的指责：“他的话就如同消防水管里喷涌而出的水，无法细品！”

停顿的难题

遗憾的是，停顿是非常困难的，因为当“哎呀时刻”袭来、时间偏差开始生效时，你说话的节奏就会加快，停顿也就被忽视了。

维塔利克·布特林（Vitalik Buterin）是《比特币杂志》（*Bitcoin Magazine*）和以太坊（Ethereum）的联合创始人，以太坊是一种基于区块链的开源公共分布式计算平台。布特林出生于俄罗斯莫斯科，6 岁时移居加拿大，所以他的英语很流利。尽管如此，当他参加以太坊交流会并发表主题演讲时，仍遭到了时间偏差的侵扰。布特林的大脑开始超速运转，语速飞快，以致时常喘不过气来，不得不停下来吸一口气。这种随机停顿使他的语句被随意分割，打乱了他的逻辑。从他的主题演讲实录中可以看到不规律的停顿。

> 所以，[喘息]呃，今天我要讲的这个，啊主题，它有点不同寻常，它与，啊[喘息]，卡斯珀（Casper）公司、数据分片（sharding）和零知识证明（zero knowledge proofs）这些更华丽的东西不同，不会[喘息]那么广受媒体关注，但它对一个，啊，运转良好的公共区块链[喘息]而言非常重要，对区块链长期保持高效而可持续的能力[喘息]非常重要，它是一种，啊，交易费用经济学[喘息]，或者说，它告诉我们为什么交易费用、油价或房租如此之高？[喘息]所以，[喘息]从正确的基本原理开始。所以，这是一个区块链，区块链包含着区块，区块包含着交易[喘息]。用

户，也就是你们，[喘息]发送交易，而这些交易被计入区块。[喘息]现在，[喘息]从经济学的角度来看，没错，每笔交易[喘息]都会给发送者带来个人利益。你发送一笔交易，是因为你想发送一笔交易，是因为你从[喘息]这笔被发送、被计入区块的交易中得到了某些东西。

与野兔一样的布特林相比，环保鞋制造商欧布斯（Allbirds）公司的联合 CEO 乔伊·茨威林格（Joey Zwillinger）就是一只乌龟。而且，几乎没有什么能令茨威林格感受到压力：仅仅两年，他的公司估值就达到 14 亿美元。在一次美国有线电视新闻网（CNN）的采访中，他同样没有感受到什么压力。惯于刁难的调查记者克里斯蒂娜·阿曼普尔（Christiane Amanpour）提出的第一个问题并无难度，就像记者所形容的，是一个“情人节礼物”，她问：“你和你的联合创始人、你的伙伴们，怎么就想出了这样的主意呢？”

在回答时，茨威林格尽管带着温暖而沉着的微笑，但声音听起来却显得很慌乱，因为他把所有的短语连成了一个没有间断的长句。频繁出现的“然后”（以下划线标注）把各种短语连接起来，组成了一句话。

我的合作伙伴蒂姆·布朗（Tim Brown），是一名站上了国际舞台的职业足球运动员，然后他得到了一些大型体育公司的赞助，然后他了解到那些引人注目的标志和对品牌的推广就是他们的全部，啊，那些服装很好，然后他有设计背景，所以他开始冒出一些做鞋子的想法，想做得更干净，然后更简单，然后设计得不会太容易过时，然后那个时候我正在从事可再生化学品行业的工作，然后……然后我看到一个令人难以置信的机会，然后消费者那种日渐高涨的需求是，他们想要一些不折不扣的好产品，因为他们购买产品时不论它有什么好处，然后受到怎样的期待，然后它在这个星球也应该是有意义的。然后我向品牌推销并开发他们真正用得上的材料，然后没人想要。

不过，值得称赞的是，每次他说“然后”的时候，都会喘一口气，这在他的语句中加入了停顿，可以帮助听众理解他的逻辑（想象一下如果他也能运用“完成弧度”，会变成什么样）。

即便在没有压力的环境下，有经验的演讲者也会受到时间偏差的影响。杰克·雷科夫（Jack Rakove）是一名历史学和政治学教授，自 1980 年以来他一直在斯坦福大学任教。美国一家非营利性有限电视频道（C-SPAN）曾播出过他以 1787 年制宪会议为主题的演讲：

> 在这个“一定会使联邦政府的措施胎死腹中”的制度之下，联邦制永远不会有效运转，然后从这一立场出发得出的结论是，我们需要有一套依法运作的制度，而不是依照建议运作，然后如果它是依法运作的，那么你必须创建一个国家政府，一个完全意义上看起来正规的政府，这意味着它必须有一个独立的立法机构，必须有一个独立的行政机构，必须有一个独立的司法机构。

这里也一样，“然后”把多个短语连接成一个连续的长句。

就本身而言，“然后”虽然在表面上看起来无伤大雅，实际上却是一个比“呃”更糟糕的语气词。“然后”替代了停顿，剥夺了演讲者的思考时间，更糟糕的是，通过连接两个不相关的短语，它剥夺了听众的理解时间。

快速而连续的讲话方式不仅出现在主题演讲者、电视受访者和大学教授口中，也存在于日常交流中，包括会议、闲谈、电话、鸡尾酒会聊天和语音邮件等。先不说鸡尾酒会上的话痨，你可以想想看，你曾在语音信箱中听到过的如下喋喋不休的留言：

你好！我打电话是想跟你确认一下我们今天的午餐吃什么，然后我不知道你认为我们应该去哪吃，因为我知道你喜欢吃中餐然后我不吃味精，然后你不能吃意大利餐因为你在进行低碳水饮食，然后我们两个都不想吃墨西哥餐因为它太辣了，然后沙拉很清淡乏味，所以我不知道……

这一刻，你很可能已经准备按下“删除”键了。不要在你的听众面前絮絮叨叨，以免让他们想“删除”你。要像拉加德那样停顿、呼吸。停顿下来思考，停顿下来消除讨厌的语气词，以及更加冗余的“然后”。

用停顿来控制你的节奏。

停顿的 10 个好处

1. 给演讲者思考的时间。
2. 给听众理解消化的时间。
3. 给演讲者呼吸的时间。
4. 让演讲者的语气词消失。
5. 让演讲者的声音有活力。
6. 减少演讲者的感官负担。
7. 使演讲者获得积极感受。
8. 演讲者用来强调话语。
9. 观察反应并调整内容。
10. 演讲者用来控制节奏。

现在你已经掌握了如何停顿，以及为何停顿，但你不可能带着这本书和所有这些细节说明去演讲。这时候，我们需要再一次把所有指导总结成一个便于记忆的要点。

通过眼神接触来散发魅力

我们要确保只在与他人眼神接触时说话。如果你在视线移动时说话，你的交谈就变成了第一次世界大战堑壕战中的“无人地带”（No Man’s Land）。也就是说，你的话并没有说给任何人听。

我们要做到“只对眼睛说话”，听众之间没有“眼睛”存在，所以你需要在视线移动时保持沉默。如果我直接告诉你，当你的视线从一个人移动到另一个人的时候不要说话，那就又是一种厌恶疗法了。因此，“只对眼睛说话”的指令将告诉你要去做什么，而不是不去做什么。

伦敦地铁系统提供了一个类似的指示：当火车进入一个弧形站台并停车时，车辆和站台之间会形成一个小空隙，这对乘客来说是一个不起眼的危险。一张标语牌用典型的英式礼貌和含蓄的表达建议乘客“注意空隙”（Mind the Gap），而你也要注意两名听众之间的“空隙”，并静静地穿过这个“空隙”。

我们再用体育运动做一个类比。打网球的时候，你既可以在跑动中击球，也可以在原地击球。后者更可取，因为双脚在稳稳站立时可以为你提供一个稳固的平台来准备下一次击球。

这个类比同样适用于演讲。假设你要使用你在第 8 章学习“完成弧度”时用过的短语：“演讲中最重要的方面是自信”，但是，这时候，如果你在眼神接触到下一个听众的眼神之前就继续说下一个短语：“而自信的关键是眼神接触”，那么对方会觉得你很仓促。你也会觉得一样仓促，而且这会激活“瀑布效应”。

相反，来一个彻底的停顿。等到你与下一个听众的眼神完全接触之后再开始说下一个短语。等到你的眼神停留下来，等到你的双眼与下一个听众的双眼开始互动，然后再说："而自信的关键是眼神接触"。你要在看到下一个听众的双眼之后再开始说话，正如你在说完一个短语之前要与一名听众保持眼神接触那样，这是同等重要的。时间上的差异仅仅是一瞬间，但影响上的差异却是显著的。

"只对眼睛说话"是一条简单的指导意见，它会带来另一些重要的好处，这些好处中的每一个都能引发听众的积极反应。

- **本能。**你的双眼和一名听众的双眼对视，引发了他对于母亲和婴儿之间眼神交流的早期印记。
- **点头。**当你"只对眼睛说话"时，你会微微颔首，正在与你沟通的听众也会条件反射式地向你点头。
- **表达。**为了与听众保持眼神接触，你必须往上看，让眉毛抬起来，在这个过程中你的面部表情也被激活了。记住第 7 章中的那个等式：E=E，多互动等于多表情。
- **逻辑。**你会从一个简洁而明晰的点出发来表达你的演讲内容。
- **停顿。**当你"只对眼睛说话"时，你就掌控了停顿的持续时间：它的开始、过程和结束。
- **真诚。**当你的双眼与听众的双眼对视时，你会显得真诚。摄影师和画家通常会避免让创作对象斜着看，因为那样会让人物看上去鬼鬼祟祟。为了营造出真诚的感觉，肖像画家会让他的创作对象直视前方，让虹膜居中，两侧留有等量的巩膜，即眼白。

另一项对婴儿的科学研究印证了眼白在人际交往中的重要性：

> 当前的研究为 7 月龄婴儿对情绪和注视线索的无意识探测提供了神经学依据……这可能为社交互动技能的发展提供了一个重要基础。

套用美国独立战争时期的将军伊斯雷尔·帕特南（Israel Putnam）的话来说："在你看到他们的眼白之前，不要说话。"演讲时，你需要"只对眼睛说话"，然后搭配上"完成弧度"。

综上所述，我们可以将你在本章和前几章中学到的东西总结为以下内容。

短语和停顿带来的积极感受

演讲是这样的：当你走上演讲台之后，你就会从听众里选出一个要与之对话的人。接下来这样做：

- 对那个人说一个短语。
- 停顿。
- 视线转移到另一个人，然后对他说一个短语。
- 停顿。
- 视线再转移到下一个人，然后对他说一个短语。
- 停顿。
- 视线继续在房间里转移，每次对一个人说一个短语。
- 在两个短语之间、两个人之间进行停顿。

在演讲行业中，有两个与短语和停顿相关的谬论广为流传。第一个是演讲者应该"把话说完"，但是这个说法太模糊了。"话"指的是一串短语还是一组句子，还是一个段落？尝试对"话"进行解析时，很可能会产生一长串的内容，其中包含很多短语，这些东西被灌输到一个可怜的、毫无准备的听众脑中，会使他感到不舒服，并让他没有时间思考任何事情。第二个谬论是关于时间的，它认为说一个短语的持续时间应该是 3 ～ 4 秒，而附带的概念是两个短语之间的停顿时间应该是 1 ～ 2 秒。

上述内容要求演讲者在说话和思考的同时计数，这会立即让感官超负荷。“只对眼睛说话”让你不需要计数，停顿的时长就是你的视线从一个人的双眼移动到另一个人的双眼所需的时长。

在线上会议和电话会议中，由于你的声音是内容的主要传输者，所以一定要使用你在第 7 章里学到的“风箱效应”来激活你的音量和语调，并特别注意一下你的节奏。你不会想让自己的声音听起来像上文的语音信箱留言那样缺少停顿，单调沉闷，那相当于一份没有标点符号的文档。要通过“完成弧度”和停顿不时地对你的在线演讲内容进行强调，可以在缩略图（如图 9-1 所示）中选不同的与会者说一句话，来实现“只对眼睛说话”。

图 9-1　线上会议的缩略图视角

掌控你的节奏

使用短语和停顿中的要素来掌控你的节奏：

- 用“完成弧度”来明确短语的界限。

• 用“只对眼睛说话”来明确停顿的界限。

将这些步骤与“一对一交谈”的方法结合起来。让每一次演讲都成为一系列的“一对一交谈”，让每一次互动都成为一段完整的对话。

虽然看起来简单明了，但时间偏差会让这些指导变得难以执行。由于我在纽约市长大，所以停顿对我来说很困难。每个人都有肾上腺反应，所以应用这些技巧也会很困难。这需要练习。我在自己学习的过程中，开发了两个简单的练习，你可以用它们来练习演讲节奏。

节奏练习

第一个练习是进入一间空闲会议室，站在房间前面，对着空椅子进行一系列的“一对一交谈”，假装椅子上都坐着听众。你的视线需要从一把椅子随机转移到另一把椅子，就像面前有真实听众那样。如果你的转移是按顺序进行的，听众会发现这个规律，并且在你把视线移走时转移注意力。如果你随机转移，他们就不知道你的视线什么时候还会折回，从而继续保持注意力。

第二个练习是带上一个数码录像机或者移动设备独自走进一间办公室或者任一房间，录下自己的演讲或者通话，然后回放录音，听一下你的节奏。客观地评价，你的发言是否“完成弧度”，以及你有没有语无伦次。

有了对声音的关注，你就无须再考虑肢体语言，只需要专注于节奏和内容。把录制的一段话重放数遍，听一听你是否在每个短语的末尾都使用了降调。当你重复这项练习时，会找到自己最佳的演讲方式，并把这一技巧运用得更加自然。当然，最终的好处是，它会变成你的自然演讲方式。

短语和停顿是我们三项“大师技能循环”中的最后一项，它填充了这个循环的最后一段弧线。第一段出现在图 6-3，第二段出现在图 7-4，现在在图 9-2 中完成。紧紧相扣的箭头把所有指示连成了一根连续的完美链条。

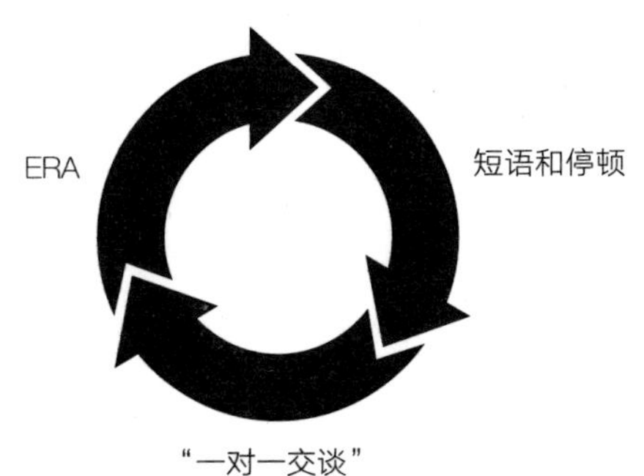

图 9-2　SUASIVE“大师技能循环”

当你结束了与一个人的对话之后，你就转移视线，与另一个人眼神接触，再次开始这个循环。这种方式会让你在房间里进行一系列的“一对一交谈”。记住，对话不是一成不变的，要在每段对话进行时观察对方的反应并调整内容。

最终，短语和停顿把所有的演讲动态元素整合到了一起：用你的声音要素把语言内容中的一个逻辑单元说给一个人听，通过伸出手和“只对眼睛说话”的方式，用你的视觉要素与这个人互动。这些简化过的指示甚至还可以进一步简化为一个简单的比例：

1∶1∶1

这一比例指的是：“一对一交谈”，每次说一个短语。这个比例本质上是对整本书的总结。不停地去进行一对一的交谈，不管听众有多少人。把一次演讲当作一系列的“一对一交谈”。

短语和停顿会带来积极的行为，从而为你的听众带来积极的感受：

- 以短语控制（而不是加快或放慢）节奏是恰如其分的。
- 完整短语的模式具有清晰的逻辑。
- 停顿取代了无意义的语气词，听起来很自然。

短语和停顿也为你在表 3-1 中看到的所有因素的改变画上句号，现在我们有了表 9-1“演讲者的积极行为与听众的积极感受”。

表 9-1　演讲者的积极行为与听众的积极感受

因素	演讲者的积极行为	听众的积极感受
眼睛	接触	真诚
表情	丰富	互动
头部	点头	赞同
姿势	平衡	镇定
双手和双臂	伸出手	握手
音量	高	坚定
音调	变化大	强调
节奏	以短语控制	恰如其分
叙述模式	停顿	理解吸收
语气词	停顿	自然

目前为止，我几乎没有提到过幻灯片，只在第 4 章中告诉过你在什么情况下别使用它。这种忽略是有意为之的，你可以在《魏斯曼的演讲大师课 1：说的艺术》中找到一套完整的、最佳的设计原则。但是，当你学会如何运用那些技巧之后，还可以在本书中学到另一个技巧：怎样把幻灯片与你的表达、你的叙述方式，甚至是播放幻灯片时用的物理工具结合起来。这是一种被称为“幻灯片同步”（Slide Synchronization）的独特技能，也是接下来 3 章的主题。

TIPS

魏斯曼
完美演讲

“大师技能循环”第三项：短语和停顿。用声音要素把语言内容中的一个逻辑单元说给一个听众听，通过伸出手和“只对眼睛说话”的方式与这个听众互动。不管听众有多少人，把一次演讲当作一系列的“一对一交谈”。

THE POWER
PRESENT

第 10 章

演讲场所的最佳布置

> 工欲善其事，必先利其器。
>
> ——《论语》

演讲由很多部分组成：投影屏或液晶屏、麦克风、演讲台、投影仪、电脑，以及遥控设备。前 2 种是这个星球上几乎所有会议室的标配；第 3 ～ 5 种处于不断的技术变革和升级中。所有这 6 种都是幻灯片同步技能不可或缺的一部分，但它们会受制于演讲场所多种多样的布局方式。演讲的场景并不是完美的，但下面的指导方针将向你展示如何让这些演讲工具发挥出最佳的效果。

位置的重要性

演讲行业的工具与房地产行业的工具被同一种要素所控制：“位置、位置、位置”。在演讲中，这可以理解为演讲者相对于显示屏的位置：

- **位置一：与屏幕处于同一平面或靠近该平面。**当你与屏幕处于同一平面时，你可以很容易地就看到幻灯片，而不用背对听众。这个位置对你的听众来说也很合适，他们不必花时间在你和屏幕之间调整焦点。

当你就座时，将笔记本电脑的后盖当作屏幕，与它处在同一个平面上。

- **位置二：处于屏幕边缘或靠近该边缘。**靠近屏幕站立，这样听众的视线就可以一下子从你的身上跳到屏幕上。我们在大型酒店的宴会厅里都有过这样的经历：屏幕位于舞台的一端，而演讲者的演讲台在另一端，听众的目光不得不来回摆动，就像在观看一场网球比赛。当你的公司举办活动时，你可以要求让屏幕的位置靠演讲台近一点，不过实际安排通常会超出演讲者的控制范围。

  当你就座时，让自己靠近笔记本屏幕或者项目建议书的边缘。
- **位置三：让屏幕位于你的左侧。**长期以来，我们习惯于从左到右阅读，所以当你让屏幕置于你的左侧时，对面的听众会先看向你，然后顺其自然地看向你的幻灯片。这对于文本形式的幻灯片来说尤为重要，如果你把幻灯片置于自己的右侧，你的听众会在阅读每一行文本时被迫采取两个动作：以相反的方向扫过文字，再以正确的顺序看第二遍。让屏幕位于你的左侧，他们就可以按阅读习惯来阅读文字了。当然，当幻灯片上是希伯来语或阿拉伯语（要求从右到左阅读的文字）时例外，这时候的“位置三”就是让屏幕位于你的右侧。

此外，当你做手势或对听众伸出手时，由于屏幕位于你的左侧，你很可能会使用你的右手，这再现了握手的情形。你可以用左手对着屏幕做手势。你还要知道，你的手臂动作会带来“风箱效应”，让你的声音充满活力。

总之，“位置，位置，位置”就是：让自己与屏幕处于同一平面或靠近该平面，让自己处于屏幕边缘或靠近该边缘，让屏幕位于你的左侧。（如图10-1所示）

图 10-1 “位置，位置，位置”

“位置，位置，位置”的运用

迈克尔·拜伦（Michael Byron）是加拿大一家从事金矿资产的识别、勘探、获取和评估的上市公司的 CEO，在伦敦举办的一场加拿大矿业研讨会上，他发表了投资推介演讲。他将屏幕放在自己的右侧，这让他对面的听众在阅读幻灯片文字的时候视线不得不反向移动，而密集的文字编排使这项任务更具挑战。他的第一张幻灯片上有 4 个象限，分别是 4 个迥然不同的主题，包括对一个公司属性的描述、对一个项目的描述、公司的现金收支表，以及公司的管理手段；每一个象限都有好几个要点。然而，如果把屏幕放在拜伦的左侧，即使是文字密集的幻灯片，也会让听众阅读起来更容易。

在特奥多尔·帕纳约托夫（Teodor Panayotov）的演讲中，他的听众就轻松多了。帕纳约托夫是一家线上 IT 培训公司的 CEO，在保加利亚布拉戈耶夫格勒（Blagoevgrad）的一次创业公司会议上，他站在一个巨大的舞台上发表演讲，一面巨大的屏幕位于他的左侧。他的幻灯片非常简单，第一张是计算机发展的时间线，用一根上扬的线条表示，这使听众的视线从帕纳约托夫移动到屏幕时正好也画出一根相似的上扬线条，从而观看整个幻灯片。接下来的 3 张幻灯片中，一张是一位思想领袖的简短引语，另外 2 张都是一幅图片配以单行的文字说明，这让他的听众可以迅速理解幻灯片的内容，并将注意力移回他的身上。这种“少即是多”的设计方法（下一章你会学到更多相关内容）使帕纳约托夫可以迅速看一眼屏幕然后从幻灯片上得到提示，这种提示方法比第 4 章提到的舒适显示器更有效，因为它将演讲者的叙述和幻灯片联系在一起，也将演讲者的位置和屏幕的位置联系在一起。

创建演讲清单

医学博士阿图·葛文德（Atul Gawande）的畅销书《清单革命》（*The Checklist Manifesto*）①关注了医疗实践中常见的被忽视或忽略的关键步骤。葛文德向我们展示了怎样创建一份“万无一失”清单，以避免此类可能导致医疗事故的问题。这本书的优点之一是它适用于生活中的许多其他方面，怀着对这位好医生应有的敬意与感激，我把这种方法的适用性扩展到演讲当中。

面 对 前 方

“只对眼睛说话”，而不是对屏幕说话；“只对眼睛说话”，而不是对听众的侧脸说话。别忘了那项研究，母亲与婴儿直接进行眼神交流，和母亲从侧面看着婴儿，这两者之间的不同。直接互动的力量在人的生命早期就已经留下了深刻的印记。

①《清单革命》一书中介绍到使用清单，是为大脑搭建起一张“认知防护网”，它能够弥补人类与生俱来的认知缺陷，如记忆不完整或者注意力不集中。该书中文简体字版已由湛庐引进，由浙江教育出版社 2020 年出版。——编者注

优 化 照 明

一些演讲者为了在屏幕上制造更好的对比度而调暗房间内的灯光，这会让他们失去眼神接触的机会。不要让房间一片漆黑，那会让你打瞌睡。不过，就像屏幕位置一样，灯光也经常超出演讲者的掌控范围，在这种情况下，可以参阅下文的“炫目灯光”条目，以了解如何在这种环境下优化照明。

合理利用演讲台

让我们用表 10–1 加以说明。

表 10–1 合理利用演讲台

不要	要
放置笔记	利用幻灯片作为提示
放置麦克风	使用无线麦克风
放置电脑	使用无线遥控器
倚靠	双脚支撑站立
挡住演讲者	站出来展示自己
推销酒店	推销你自己

避开投影光束

远离投影光束，如果光束照进你的眼睛，你会不舒服地眯起眼，由于共情，你的听众也会眯起眼；或者，他们会因为你脸上被幻灯片叠加的图像而分心；又或者，他们会被你的手在屏幕上投下的影子所吸引。你可以朝着屏幕做手势并向听众示意你希望他们看向哪里。这被称为“语言导航”（Verbal Navigation），你会在第 12 章中学到关于这个技巧的更多知识。

核查视线范围

确保每个听众都能看到你和屏幕。你可以迈出一小步，与听众席最后几排的人建立眼神接触。核查一下图像的投影是否足够高，后面的听众能否看到整张幻灯片。

我不打高尔夫球，但打过高尔夫球的朋友告诉我，在打球之前他们要先在场地里走一走，查看场地的情况。这个类比也适用于演讲，在演讲之前，先在房间里走一走，检查听众能否从所有角度都看得到你和屏幕。

根据听众规模进行调整

不同的听众规模有不同的需求：

小 规 模

房间里有 6 个左右的听众时，演讲环境最佳。在这样一种较为私密的环境中，你可以与每个人直接接触。坐下来，让你的视平线与听众的一样高。这个建议与第 7 章里对线上演讲的建议是一致的，你在那里学到过视平线与摄像头平齐时心理上的好处。

如果你站在小规模的听众之中，你就会俯视他们，从而制造了听众的消极感受。采用坐姿演讲能使你与听众的视平线平齐，并产生共情。

中 等 规 模

最常见的演讲形式通常是在一个行政报告厅或者大型会议室里，演讲者面对十几个或更多听众。在这种情况下，你要站起来演讲，以便看到房间里的每个人并与他们建立眼神接触。视线从一个人到另一个人随机移动，进行一系列的“一对一交谈”。检查听众的视线范围，在房间里走一走。

大型场馆

大型会议中心的“大帐篷”演讲有数百名听众，有时候达到数千名，这类活动会使用影像放大技术，即在巨大的屏幕上放映着巨大的幻灯片图像、生动的动画、视频和演讲者的演讲。这种情况下，尽管演讲者受制于不同产品的具体要素，但仍然必须传递出清晰的内容，并充满信心地表达。

在“大帐篷”演讲时，你需要对学到的技能做一点小小的修改，因为有两个具体的物理因素会影响你的演讲技能：

- **炫目灯光。**当你被炫目的灯光照射时，你就无法“只对眼睛说话”了，因为你看不到任何眼睛。在这种情况下，保持你的节奏，继续你的演讲，对黑暗中的某一点说一句话，移到黑暗中的另一个点再说一句话。在光线边缘的地方找到一双眼睛，然后对那个人说一句话，然后再到黑暗中的另一个点说一句话。视线不断地在听众之间随机移动。
- **景深。**当你坐一个大房间的听众席后排时，是否曾被主持人看着说“你，先生”，或者“你，女士”？由于不确定主持人到底看向了谁，你很可能环顾四周，心想：“谁？我吗？”这就是景深因素。

在一定的距离下，听众很难看到演讲者的眼睛。景深对你也有好处，因为当你在大房间里对着后排听众说话时，很多人都会觉得你是在直接对他说话。

前 10 秒策略

现在，把你至今为止所学到的内容全部抛开，进入你的下一场具有高风险的演讲。某时某地，你一来到演讲台上就体验到了“哎呀时刻”，肾上腺素开始在体内激增。你的眼睛会条件反射一般扫视房间，寻找一条逃生路线。你无法阻止那样的扫视，无法考虑停顿，且几乎不知道该说什么。你的眼睛会扫视起来，寻找出口。

让你的眼睛随意移动，开始扫视吧。如果需要的话，一直扫视，直到找到一条可以逃离的线路。让你的眼睛扫过整个房间，但要让这种扫视对你有利而非不利。伴随着眼睛的扫视动作，你可以向所有听众致意：“大家早上好！欢迎你们，谢谢你们的到来。我很高兴能有机会与大家交谈。”这个简单的问候会让你的动作显得真诚而不是鬼鬼祟祟。但是要确保你的问候简短，这可不是在发表奥斯卡获奖感言。

当你边扫视房间边说完欢迎致辞之后，停下来。视线转向一个新的听众，看着他的双眼，开始你演讲的第一个短语，也就是你已经语言化的第一个短语。

接收到你第一个短语的听众，与你扫视到的最后一个听众，他们在房间里应处于相对的位置。如果你是向右扫视，那么停下来之后把视线移向房间左侧的听众；如果你是向左扫视，那么停下来之后把视线移向房间右侧的听众。

这种大范围的移动有两个重要原因：一是给自己一个更长的停顿来思考，思考总是一件好事；二是让自己安定下来，以便你对第一个听众说出你的第一个短语。把它想象成网球比赛中的底线发球，你并不是一到底线就发球的，而是先站稳脚跟，隔着球网，深呼吸，你所做的这些都是为了保持一个稳固的姿态，来发一个凶狠而迅猛的球。你对第一个人说出的第一个短语就是你的发球，来一个发球得分吧。

第一个短语说完之后，停下来，转向第二个人对他说第二个短语。用这种方式继续在整个房间里移动视线：一个人，一个短语，然后停顿。建立你的节奏，并保持住。

在美国橄榄球比赛中，有的教练会设计一种比赛策略：他们为每场比赛预先准备好前 10 个回合的打法，以赢得强势开局。我们又一次在体育和演讲之间做类比了。“预先准备”你演讲的前 10 秒，“预先准备”的引号意味着你应该让前几句话的大致想法形成几个要点，就像你在第 4 章中了解到的舒适显示器上显示的提示要点那样。做完这件事之后，对这些语句进行“语言化”，直到你觉得熟练为止。别死记硬背，要将它们“语言化”到你觉得自然为止。在前 10 秒为你的整个演讲确立节奏。

前 10 秒策略适用于所有规模的听众群体，小规模、中等规模和大规模都可以，我每次演讲的时候都会使用这个技巧。尽管我经常演讲，但如同其他人一样，当我开始演讲的时候肾上腺素也会飙升，不过我会在扫视房间时问候听众，以此来控制这种飙升。

给你的演讲一个有力、清晰的开始。你永远不会有第二次机会给人留下第一印象。

让你的演讲使听众获益，那么听众也会使你获益，这从本质上来说就是听众共鸣。

想想看，本章中的所有指导都是为了让听众更容易接受你和你的演讲，这就是听众共鸣，是整本书的主旨。我们将在下一章继续探讨这个主旨，同时将在幻灯片同步中将演讲工具和形象、声音、语言结合在一起。

TIPS

魏斯曼 完美演讲

演讲者要让自己与屏幕处于同一平面或靠近该平面，让自己处于屏幕边缘或靠近该边缘，让屏幕位于自己的左侧，这些布置可以达到最佳效果。当然还需要根据听众规模进行调整。

THE POWER PRESENT

第 11 章

设计为演讲赋能的幻灯片

> 动作要与台词同步。
>
> ——威廉·莎士比亚
>
> 《哈姆雷特》

幻灯片同步是一个独特的技能组合，结合了设计和表达。也就是说，它结合了你所展示的（即你的幻灯片）和你所做的（即你的肢体语言）、你所说的（即你的声音和内容）。

遵循“少即是多”原则

从理想的角度来说，设计和表达存在于一个平衡的关系之中，好像一个跷跷板的两端（如图 11-1 所示）。

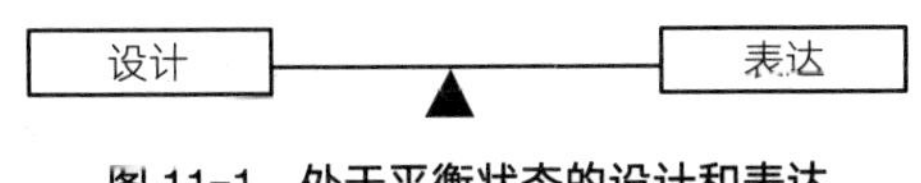

图 11-1　处于平衡状态的设计和表达

跷跷板效应

遵循经典的“少即是多”原则[①]，即幻灯片上的内容越少越有效，如果你的幻灯片简单易读，那么不言自明，你的听众会迅速理解它们。你只需做很少的事、说很少的话就能讲清楚幻灯片上的内容。（如图 11-2 所示）

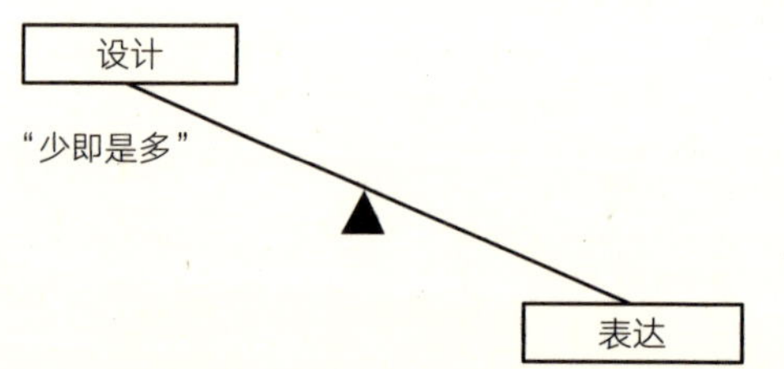

图 11-2 “少即是多”的设计意味着在表达中“少说少做”

在这种模式下，当你的听众看完幻灯片再看向你的时候，你可以阐述他们所见之外的内容，你可以讨论、分析、引用案例，并通过案例研究、数据、轶事、背书等来丰富演讲内容。

如果你的幻灯片像视力检查表那样密密麻麻、杂乱无章，即所谓的“多即是少”原则（幻灯片上的内容越多，效果越差），你的听众就会感到它们难以理解。因此你不得不说很多的话、做很多的事来解释幻灯片上的内容。（如图 11-3 所示）

当你进行解释时，你的听众将不得不在你和屏幕之间来回扫视，试图搞明白复杂的幻灯片和你所讲的内容之间有什么联系。这就完蛋了！

---

① “少即是多”是 20 世纪建筑师路德维希·密斯·凡德罗（Ludwig Mies van der Rohe）为他的极简主义结构所倡导的设计原则。如今，从时尚包装设计到高效商业模式，再到高效幻灯片设计，这一原则已经被广泛应用。

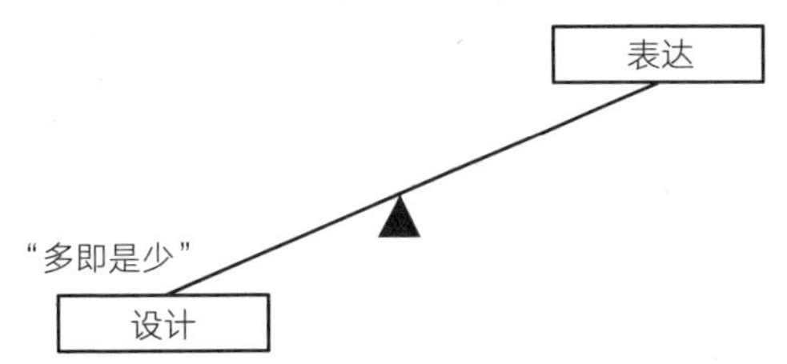

图 11-3 “多即是少”的设计意味着在表达中“多说多做”

现实中的“多即是少”和“多说多做”

前硅谷电子工程师唐·麦克米兰（Don McMillan）敏锐地意识到了“多即是少”的演讲展示的功能失调。数年来，他设计过复杂的计算机芯片，也观看过同样复杂的技术演示，于是他决定录制一段视频来讽刺那种复杂的演示：

> 下面是演讲者在使用幻灯片时一些常见的错误。第一条：人们喜欢把他们要说的每一个字都写在幻灯片上。虽然这样就不用记住你的演讲内容，但最终会让你的幻灯片拥挤、烦冗、乏味。在听众对你失去注意力的时候，你甚至还没有读完你的，呃，第一张幻灯片。

这个场景的幽默之处在于，麦克米兰所说的每一个字都在幻灯片上，他背对着听众，盯着屏幕，一字不漏地将它们读了出来。

这段视频的浏览量已经超过 150 万次，它让麦克米兰开启了新的职业生涯，成为一名职业喜剧演员，在企业活动中表演。

麦克米兰追随了另一位喜剧演员罗伯特·本奇利（Robert Benchley，也是《大白鲨》作者彼得·本奇利的祖父）的脚步，后者在幻灯片时代来临之前就讽刺过演讲展示的功能失调。罗伯特·本奇利也是一位幽默作家兼演员。在弗雷德·阿斯泰尔（Fred Astaire）1943 年执导的电影《天空的极限》(*The Sky's the Limit*）中，本奇利利用一块白板做演讲展示，这块白板被放置在一个摇摇晃晃的画架上，大而笨重，上面的文字杂乱无章。那些“多即是少”的图表使本奇利在讲述的时候被迫扭动身躯、左摇右转、笨嘴拙舌、咳嗽，以及道歉。

这两个案例都很好地证明了麦克米兰所说的“第一条错误”:“多即是少”的幻灯片导致了糟糕的演讲。

解决方案：使用“少即是多”的幻灯片。

设计要一看即懂

你可以在《魏斯曼的演讲大师课 1：说的艺术》中找到一套全面的指南来设计“少即是多”的幻灯片，但为了理解幻灯片设计与幻灯片同步之间的关系，我从那本书里带来了两个相辅相成的 SUASIVE 元设计概念：“一瞥”(@ Glance）和“标题 +”(Title*Plus*sm）。

“一　　瞥”

如果你的幻灯片是以“少即是多”的原则设计的，你的听众就会一目了然，然后转过头来听你演讲。如果你的幻灯片是以“多即是少”的原则设计的，听众就不得不花费更多的时间来理解它，而此时，他们就不再听你演讲了。

把你制作的每一张幻灯片想象成公路上的广告牌。广告商花高价设计这些展示牌，只为让那些坐在汽车里疾驰而过的人们瞥一眼就能看懂。

你的听众从表面上看起来是静止不动的，但他们的思维会高速运转，考虑着电子邮件、短信、电话、会议和私人事务。他们没必要花费更多的脑力来搞懂你想要交流的内容。

为了确保你的听众能够通过“一瞥”就搞懂你的“少即是多”的幻灯片，你应该做到用一句话描述你的每一张幻灯片。这句话就是一个相辅相成的元设计概念，称为“标题 +”。

“标 题 +”

你对幻灯片的一句话描述由幻灯片的标题和其他内容组成，“+”号代表其他。如图 11-4 所示，这张幻灯片有标题“收入增长”和 4 个功能条，那么“标题 +”就是“你可以从中看到我们的收入在过去 4 年里的增长情况”。

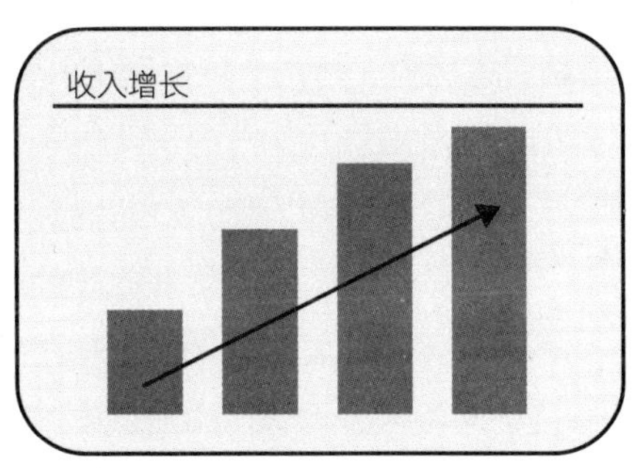

图 11-4 “收入增长”条形图幻灯片

“标题”指横线上方的文字，“+”指横线下方的一切其他元素，包括要点、条形图、饼状图、示意图表，或者图片。把“标题”想象成杂志或报纸文章的头条标题，“+”则是正文。

"标题 +"结合"少即是多"的设计，使你的听众通过"一瞥"就可以理解整个幻灯片。当他们完成"一瞥"后，就会把头转回来，在你论述问题并丰富内容的时候听你演讲。

如图 11-5 所示，这张幻灯片有标题"产品功能"和几个要点，那么"标题 +"就是"这是我们的产品可以向客户提供的 4 个关键功能。"

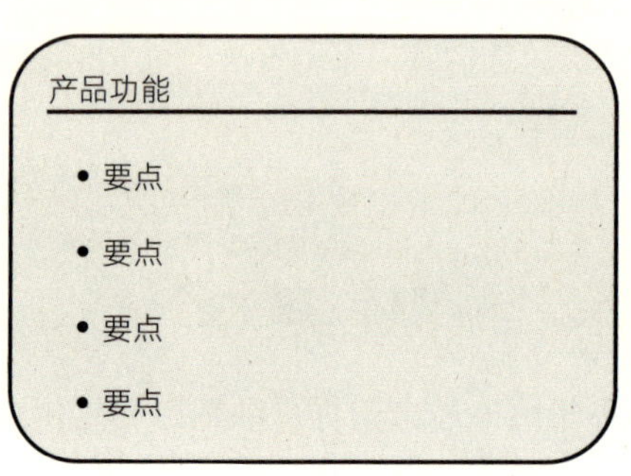

图 11-5 "产品功能"要点表幻灯片

关于"标题 +"有两点值得注意。第一点，注意上文的措辞是"这是……4 个关键功能"，而不是"我们有……4 个关键功能"。"我们有"听起来不明确，而"这是"将你的陈述和幻灯片结合并同步了起来。

第二点，在"标题 +"中尽量少地提及要点的总数。如果你太频繁地使用编号，就会让人感觉你在复述待洗衣物清单。更糟糕的是，太多的数字编号列表会让听众担心自己是否错过了它们。相反，对于一组要点，在此也可以是一组图片，比如图标、标志或照片，你的"标题 +"可以更概括一些，比如"这是一些关键的……"

当你陈述"标题 +"时，听众可以通过"一瞥"来理解你的幻灯片，然后转过头来，在你论述每个要点并丰富内容的时候听你演讲。

“标题 +”的运用

莱斯莉·卡伯特森（Leslie Culbertson）在担任英特尔公司财务副总裁时，要在一次投资会议上做重要演讲，于是请我进行指导。卡伯特森是一个特别勤奋的学生，她通过润色文字内容、设计幻灯片对她的表达进行语言化，完全掌握了演讲的主动权。在这个过程中，我们通过电子邮件对幻灯片进行了几次交流以作完善。

一天，卡伯特森打来电话问我：“你能再检查一遍我的演讲稿吗？”

“当然，”我回答说，“发邮件给我吧！”
“嗯，我现在没办法发邮件，”她说，“我在车上，要去开会。”
“是谁在开车？”我问道。
“一名同事。”她的话让我放心了。
“好的，开始吧！”

卡伯特森在手机里说，我在办公室里用座机听。她的笔记本电脑上有幻灯片，但我看不到，我能够检查的只有她的口头叙述。

我听到她说：“这张幻灯片展示了英特尔公司过去 4 年产品收入的持续增长。”在我的脑海中就可以想象出 4 个功能条。接着，卡伯特森花了大约 1 分钟的时间谈论促成收入增长的因素。

“现在，”她继续说，“让我们看一下这部分收入的季度统计……”我的脑海中浮现出 20 个功能条。接着，她继续谈论和分析季度收益模式。

卡伯特森通过使用“标题 +”的技巧来介绍每张幻灯片，对标题和其他图像进行了整体描述。她一做完开场介绍，我就明白了幻灯片上的所有内容，而且在没有任何视觉支持的情况下，跟上了她的陈述。

用“标题 +”开始你的每一张幻灯片吧，不要一开始就陷入讨论中。在幻灯片出现的那一刻，用一句话描述它。当你这样做的时候，你的听众会在理解它之后，将注意力转向你和你的叙述。接下来，你可以更为深入地剖析幻灯片上的内容。

现在，让我们把注意力转移到幻灯片同步跷跷板的另一端：表达。

借助幻灯片表达的 7 个步骤

当你开始演讲时，按照第 10 章中“位置，位置，位置”的说明摆好姿势：与屏幕处于同一平面或靠近该平面；处于屏幕边缘或靠近该边缘；让屏幕位于你的左侧。当你向听众致意之后，开始第一步。

1. 转身和点击

转向屏幕，同时点开你的第一张幻灯片，看着它。幻灯片一出现，你的听众也会条件反射式地转向屏幕。他们没法不看它，想想看，当你的电脑上突然弹出一条电子邮件通知，或者手机上突然弹出一条信息时，你的双眼是如何条件反射式地看过去的。你没法儿不看向那些吸引注意力的图像。

一种普遍的理念认为，演讲者不应该转过头去看屏幕，因为那会显得他不了解自己的材料。然而，听众的双眼那条件反射式的动作却与这种理念背道而驰。这种理念源于商学院和电影学院不同的思维方式，商学院告诉我们要准备妥当，目光敏锐，充分了解自己的内容。

而电影学院的理论是这样的：听众的双眼受到无意识的神经力量的驱动，这种力量对双眼做何反应、有何感受有着强大的影响力。电影摄影师、剪辑师和导演了解那些力量，他们拍摄并剪辑影片来表达特定的信息或情绪，例如，用不和谐的动作来制造消极的紧张感，用流畅的动作来制造积极的感受。

神经力量也作用于你的听众，而你想创造的只是积极的感受。所以，如果你不转过去看一张新的幻灯片，而是继续看向你的听众，他们的大脑就会感到困惑，视觉反射会驱使他们看向新的图像，与此同时，镜像神经元则驱使他们与你保持互动。在视觉反射和镜像神经元的共同作用下，听众的眼睛会在你和屏幕之间无序地快速摆动。若要体会这种实际效果，可以尝试下面的练习。

条件反射式的视线移动练习

在你的电脑上打开一张幻灯片，请一位同事或朋友做你的听众。接下来点开几张幻灯片，此时，不要转向屏幕，而是与你的同事或朋友眼神接触。你会看到他的视线在你和屏幕之间来回摆动。在练习时你不转向屏幕，以此误导你的听众，就像魔术师表演戏法那样。

要确保只在转向屏幕的同时点击，不要转过身之后再点击，因为滞后会分散听众的注意力。

在新图像出现的同时转向屏幕。事实上，每次点开新的幻灯片，包括打开动画时，你都要转向屏幕。每次你转向屏幕，你的动作都会引导听众看向你所看的地方，然后你和听众就同步抵达了演讲中的同一个焦点。

在你演讲时，按照电影学院的理论去做，把商学院的思维留给电子表格吧。

让我们暂时回到第 10 章中讲到的“位置三：让屏幕位于你的左侧”。由于我们的阅读习惯是从左到右，所以这种布置的基本原理是人文因素，是后天培养在起作用。现在，对于条件反射式的视线移动的形成，我们将本能因素纳入其中。

你可以在幻灯片中添加动画效果，提升听众视线在你转身时从左到右的移动行为效果。

多种幻灯片制作软件都提供了丰富的工具箱，你可以利用它们为幻灯片中的图片、数字和文本添加动画效果。关于如何设置这些动画选项来达到最佳效果，《魏斯曼的演讲大师课 1：说的艺术》一书提供了一套全面的指导，其中有一条与幻灯片同步直接相关：

> 将你的幻灯片转场和动画效果全部默认为“从左侧滑出”（Wipe From Left），它可以将一张幻灯片平滑地从左至右移出屏幕，并滑入下一张。

接下来，当你向左转头看向屏幕时，听众不仅会在你的身体运动的引导下看向屏幕，还会看到你身体的转向与同向而来的新图像以一种连续、积极、流畅的移动方式融合在一起。

第一步包含了过程和终点的双重同步。

2. 停顿

当你走到屏幕旁边时，停下来。停顿一下。

停顿的感觉怎么样？不舒服。时间偏差又来了。

听众会怎样看待你的不舒服呢？他们甚至注意不到，因为他们的眼睛被屏幕上巨大而引人注目的图片所吸引。人类的眼睛比耳朵更加敏感，即使你的听众在听你讲故事的时候走了神，也可以很容易地重新思考、重新集中注意力，然后跟上你。但如果他们的眼睛忙于处理明亮屏幕上一个新的图像，他们的双眼和大脑就会超负荷。他们不再听你讲话，他们会掉队，并且再也追不上了。

如果你的幻灯片是遵循“多即是少”的原则来设计的，听众就会花更长的时间去看它；如果是遵循“少即是多”的原则来设计的，听众用眼睛“一瞥”就能理解它。

奥利维尔·方塔纳（Olivier Fontana）是一家提供云计算、数据、人工智能咨询服务的公司的营销副总裁，早先曾在微软工作过 15 年，代表公司在世界各地做演讲。在频繁的国际旅行中，方塔纳不得不经常在倒时差中演讲。有一次，他点开一张新的幻灯片，然后转向电脑屏幕看了一眼，而就在此时，他发觉自己开始走神犯困。他强撑了一下，但有点儿慌，以为听众注意到了他的窘态。但当他转头看向听众的时候，发现他们正全神贯注地观看屏幕上的幻灯片，根本没在看他。

这并不是建议你在演讲时走神，而是要你知道，由于你的听众会看向你的幻灯片而不是你，所以你可以允许自己停顿一下。

另一个恰当的案例来自世界著名的音频技术公司杜比实验室，我有幸指导过时任 CEO 的比尔·贾斯珀（Bill Jasper）和他的管理团队准备他们的 IPO 路演。我和他们在一起度过了 4 天里的大部分时间，关注他们演讲中的各个方面，包括肢体语言、声音、内容结构，以及幻灯片的设计与动画效果。最重要的是，我指导他们如何将所有这些元素用幻灯片同步整合起来。

杜比的内容核心是公司愿景，他们称之为“完整的内容链”，其中包括了从专业人员对电视电影内容的制作到消费者对内容的播放等共计 6 个步骤，以及杜比在每个步骤中所扮演的角色和提供的创收机会。在幻灯片中，杜比用一系列的 6 个绿色长方形代表内容链，这些长方形的顶部形成了半圆形的弧线。杜比在每个步骤中的角色以 6 个橙色方框来代表，它们的顶部形成的弧线与长方形形成的弧线平行。长方形和方框会移动、变形，并改变文本，利用动画效果展示不同的阶段，以表达这一愿景的潜能、实现和发展。

贾斯珀决定将我们的 4 天培训计划延长到几个月，以便给他和他的团队足够的时间来学习并实践这些技能。当他准备好向投资银行家展示他改进后的演讲时，我们来到了杜比公司位于圣弗朗西斯科的办事处最先进的放映大厅。由于股票市场热切期待着这只新股的发行，杜比实验室选择了两家大银行，即高盛和摩根士丹利，它们通常是激烈的竞争对手，在金融行业中被称为“联合簿记管理人”（Joint Book Runners）。

来到现场的是一大群银行从业者，从公司财务、零售推销人员、分析师再到实习生。尽管他们各不相同，但身处高压力、高风险的金融市场中，大多数人都有两个共同特点：注意力持续时间短和意见很多。在过去 30 多年的时间里，我有幸指导过其他 600 多场路演，我可以很有把握地说，没有任何一场路演是不被打断的。直到杜比这一场。

贾斯珀使用幻灯片同步的技巧展示着富有想象力的动画效果，进行着他的演讲，过程中，听众席上没有一个人插话。当演讲结束后，人群中发出一阵低语，最后，有人发话了，是高盛的资深银行家之一肯·赫希（Ken Hirsch），参加过很多场路演，当时他的第一句话是：“你的图表太棒了，而且我非常喜欢你的停顿方式，给我们留出了阅读的时间。”贾斯珀转头看着我笑了。

演讲的关键不在于你做了哪些事情，而在于你没有去做哪些事情。要停顿。这种看似漫长的停顿应该持续到什么时候呢？一直持续到你做到以下内容。

3. 像从未看过幻灯片一样

因为你的听众确实从未看过你的幻灯片。

听众中的潜在投资人、分析师、客户、合作伙伴、关键高管，或者捐赠者都是第一次看到你的幻灯片。他们都是决策者，而决策者不喜欢被催促着做决定，他们需要时间来消化一个新事物。然而，你对幻灯片非常熟悉，而且你体验过时间偏差。这两个因素很可能会导致你对屏幕一掠而过。不要这样！

看每一张幻灯片的时候，要像第一次看到它那样，阅读屏幕上的每一个字和每一张图像。你激增的肾上腺素会促使你匆忙阅读，如果你受此影响，听众也会受你影响。更糟糕的是，当你转过身来与他们交流时，会发现他们还在看幻灯片，而没有看你。你会又一次遭遇“哎呀时刻”，从而触发又一次肾上腺素激增。

当然，如果你转过身去，看到一个“少即是多”的幻灯片，你瞥一眼就能看完，从而得到一个非常快速而简单的提示。想一想第 10 章里的特奥多尔·帕纳约托夫。如果你转过身来看到的是一个繁杂的“多即是少”的幻灯片，就要花很多的时间来阅读，它会让你抓狂，而不是给你提示。采用“少即是多”的设计，这样你和听众瞥一眼就能看完。把内容细节留到你的演讲中，在后面第 6 步中，你会看到这一点。

幻灯片可以给你一个关于演讲内容的提示。你可能已经从头到尾地准备好了你的演讲并进行了排练，从而对每张幻灯片都了如指掌。也有可能一位同事在演讲前几分钟刚把幻灯片交给你，你只是快速地浏览了一遍。不管怎样，当你点击任意一张幻灯片时，你都要迅速认出它，并对自己说：“哦，没错，就是它！”

在计算机技术中，“屏幕刷新”（screen refresh）指的是信息在显示器屏幕上的更新。在演讲中，你的大脑就是屏幕，而幻灯片的更新就是对你下一个主题的提示。

在思科 IPO 路演的培训课程中，有一位学员是首席投资银行家弗兰克·奎特隆（Frank Quattrone），现在任职于一家专注于硅谷科技的并购咨询公司。他曾完美地描述了这种提示的好处：**“让幻灯片成为你的向导。”**

2020 年新冠肺炎疫情期间，纽约州州长安德鲁·科莫（Andrew Cuomo）在电视上频繁出镜，报告这场危机的最新情况。他在分屏画面中与幻灯片同时出现，幻灯片上的要点、图片和表格都遵循“少即是多”的设计理念（如图 11-6 所示）。科莫用幻灯片当作提示，当作他的内容提要，而他在口头叙述中加入了详情介绍并增加了连贯性。

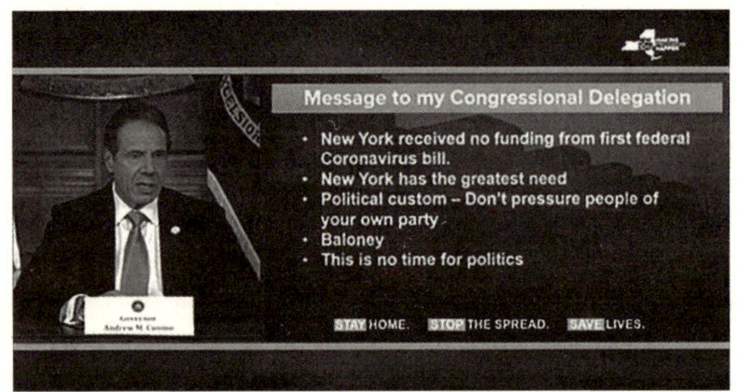

图 11-6　安德鲁·科莫使用幻灯片发布对新冠肺炎疫情的每日简报

资料来源：纽约州州长办公室。

4. 只对眼睛说话

这与你在第 9 章中学到的方法是一样的，幻灯片同步本质上是“只对眼睛说话”这一技巧的延伸。短语和停顿规定了视线从一个人移动到另一个人的节奏，幻灯片同步则提供了视线从幻灯片移动到听众的节奏。

要“只对眼睛说话”。投影屏幕上没有眼睛，当你的视线从屏幕移动到一双眼睛的过程中，所经过的空间内也没有“眼睛”。

“只对眼睛说话”是别对屏幕说话的一种积极表达方式，不过后者又是一种厌恶疗法了。当你只对眼睛说话，而不是对屏幕说话时，你会获得 3 个好处：

- 你和听众有了互动，而不是背对他们。
- 你的声音向前传播，而不是被屏幕或者背景墙挡住。
- 你避开了逐字阅读的陷阱。

在你看到对方的双眼之前，不要开始讲话。如果你一转身就开始说话，会给人很匆忙的感觉。

5. 用“标题 +”的方式表述

当你全身心投入并给出一个言简意赅的描述时，你的互动对象很可能会给予肯定而欣慰的点头作为回应。

6. 视线转移到另一个人

此刻，只有此刻，你才可以继续谈论幻灯片上的内容。你要通过分析、案例、示例、数据、背书、你的B点，当然，还有尽可能多的“维惠”，为听众提供更丰富的内容。

7. 视线继续在房间里移动

进行一系列的“一对一交谈”，为每段对话丰富内容。视线随机移动，对所有位置的听众说话，让每个人都有参与对话的感觉。

幻灯片同步运用

安妮卡·戈德曼（Annika Goldman）是一家为互联网提供个性化引擎服务的公司的首席运营官。戈德曼曾在一次大会演讲时，完美演示了幻灯片同步的最后3个步骤，她的所有幻灯片都遵循了“少即是多”的设计原则，所以无论是一张该公司移动应用程序的图片，还是一个写在黑色背景上的白色大字体短句，戈德曼都能用一句简短的“标题+”来描述那张幻灯片，然后继续在房间里移动视线，进行充分的讨论。在她11分钟的演讲里，最核心的部分是关于个性化的重要性，讲述那段内容差不多花了3分钟，而她在谈论这段内容时，屏幕上全程展示的只有一些脸部图片。

确切地说，戈德曼并没有像前3步提到的那样转身去看幻灯片，而是向下看了看面前的舒适显示器。不过，她用自信的表达、翔实的论述，以及与听众热情而亲切的交流，完美地弥补了这一点。

幻灯片表达的7个步骤

1. 转身和点击。
2. 停顿。

3. 像从未看过幻灯片一样。

4. 只对眼睛说话

5. 用“标题 +”的方式表述。

6. 视线转移到另一个人。

7. 视线继续在房间里移动

把这个顺序运用到每一张幻灯片上，运用到对每一张幻灯片的每一次点击上。

既然你已经知道了要展示什么、要做什么，那就只剩下怎样说或者叙述技巧的问题了，这是下一章的主题。

TIPS

魏斯曼完美演讲

当在演讲中运用幻灯片，听众会出现在演讲者与幻灯片之间胡乱切换的问题，为了确保听众与演讲者同步，演讲者可以遵循幻灯片表达的 7 个步骤引领听众，将演讲工具和形象、声音、语言结合在一起。

THE POWER
PRESENT

第 12 章

演讲与幻灯片完美结合

使……台词与动作同步。

——威廉·莎士比亚

《哈姆雷特》

描述幻灯片的技巧

对幻灯片用“标题 +”的方式开启讨论，用一句话描述它，让你的听众可以立即理解。不要逐字逐句地念出标题，否则你会落入第 11 章中唐·麦克米兰那种夸张演绎的陷阱中。听众最常抱怨的事情之一就是演讲者逐字逐句地念幻灯片上的文字，他们会觉得被糊弄了，心想：“我自己会读！”

在演讲中，逐字念的问题就像语气词一样普遍而难以解决，它会产生一系列负面影响。

- 演讲者看起来准备不足或缺乏专业知识。
- 演讲者背对听众。
- 演讲者的声音被挡住了。

- 人生中第一次有人念东西给你听的时候，是为了让你入睡。你和听众席里的每一个人，都被永远地设定了这个程序。

用“少即是多”的方式，把幻灯片内容当成标题会大大减少逐字念的情况。然而，在对内容的无尽依赖之下，太多演讲者仍然会落入这一陷阱中。

技术最终解决了这个问题。微软在其开发的制作幻灯片的软件中添加了一个名为“演讲教练”（Presenter Coach）的人工智能助手，它可以“在你逐字宣读幻灯片文本的时候提醒你”。①

关于演讲者如何阐释标题文字的问题，一个简单的、人性化的解决方案是：使用一些同义词，或者并列关键词，让你的听众可以迅速脑补其内容。接着，使用“标题+”的方法，用简洁的语言概述标题下方的所有内容，如条形图、饼状图、图表、要点、图片、符号等。

例如，如果你有一张标题为“收益增长”的条形图和4个功能条，如图12-1所示（即图11-4，为方便起见在此重复），“标题+”可以是：“这是我们过去4年的收益增长情况。”

或者，如果你有一张标题为“产品功能”的要点表幻灯片和一些要点，如图12-2所示（即图11-5，为方便起见在此重复），“标题+”可以是：“这是我们的产品向客户提供的4个关键功能。”

① “演讲教练”还提供关于演讲节奏、包容性语言、填充词的使用，以及文化不敏感词语的屏幕指导。

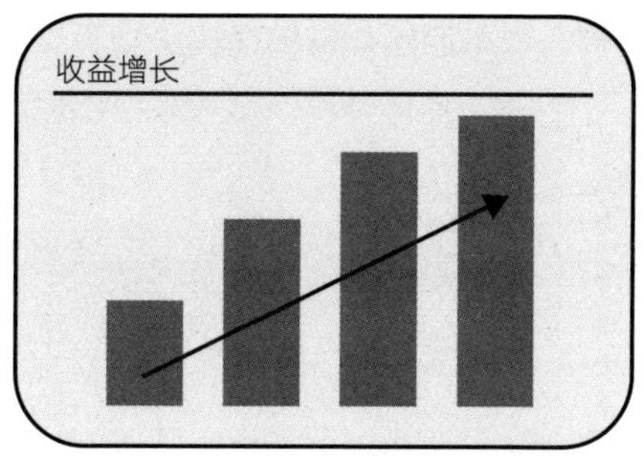

图 12-1 “收益增长”条形图幻灯片

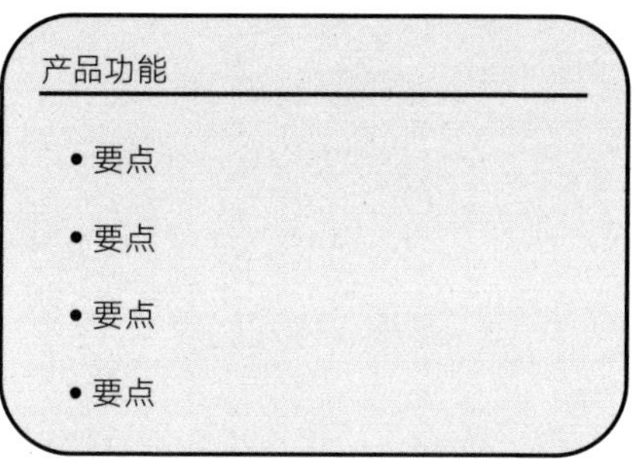

图 12-2 “产品功能”要点表幻灯片

要　点　表

当你的“标题 +”表述完毕之后，继续讨论幻灯片上的每一个要点，一个也不要跳过，否则你的听众会认为你在赶时间，或者漏掉了内容，这也是“少即是多”原则为什么重要的原因。限制要点的总数，因为冗长的要点列表会让你的听众觉得“什么时候才能讲完！”

作为一种可选方案，你可以在“标题 +”的表述中说出要点的总数来减轻你和听众的负担，例如先说：“……有 4 个关键功能……”然后说：“……我重点讲第 2 个和第 3 个。”由于你会告知总数，所以你的听众会接纳并认可更短的版本。

无论采用哪个选项，接下来你都可以继续谈论幻灯片上没有的内容，提供例证、轶事，以及引用客户、分析师或权威人士的话。你可以用一个 B 点或“维惠”作为收尾。

数字图表

与所有幻灯片一样，以“标题 +”的方式开始讲解你的条形图、曲线图和区域图。对于图 12-1 中的条形图，你可以说：“这是我们过去 4 年的收益增长情况。”然后对横坐标轴进行解释：“……它的单位是百万美元。”现在，转身朝向听众，你可以继续用更全面的分析来讨论每个数字，最后以一个 B 点或“维惠”收尾。

表格和矩阵图

与数字图表一样，以“标题 +”的方式开始讲解你的表格和矩阵图，接下来继续定义坐标轴的单位。

全球研究与咨询公司高德纳普及了一种魔力象限（Magic Quadrant）法，使用 4 个方框式样的矩阵来分析市场定位。在运用高德纳提出的矩阵和表格展开分析之前，演讲者需要给出一个“标题 +”式的描述，让听众有所了解。

例如，在如图 12-3 所示（即图 2-1，为方便起见在此重复）的效果矩阵中，我用“标题 +”对它的描述是：“内容效果和表达效果的比较。”接下来我定义了坐标轴：“两条坐标轴的数值都是从低到高。”然后我继续给出每个象限更多的完整描述，及其对应的案例。

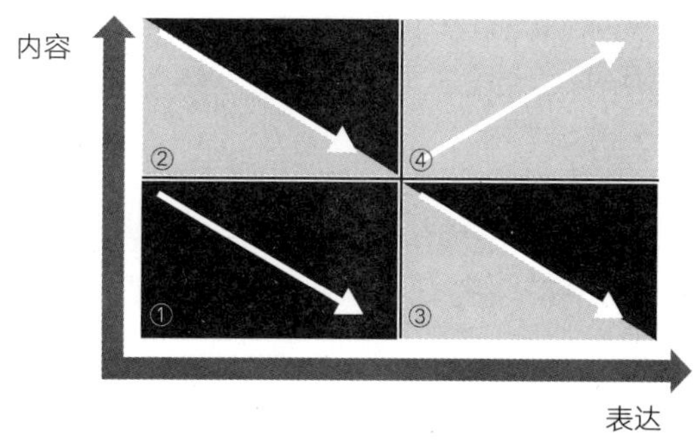

图 12-3　效果矩阵

语言引导

用你的语言引导听众的视线。例如，对于图 12-4 中的饼状图，你可以说："面积最大的黑色扇形代表北美洲所占的市场份额，占比为 55%；按顺时针方向移动，是深灰色的欧洲，占比为 38%；最后是亚洲，是面积最小的浅灰色，占比为 7%。"在此过程中，你通过描述饼状图各个部分的颜色、形状大小、方向和位置，用语言引导听众的视线。

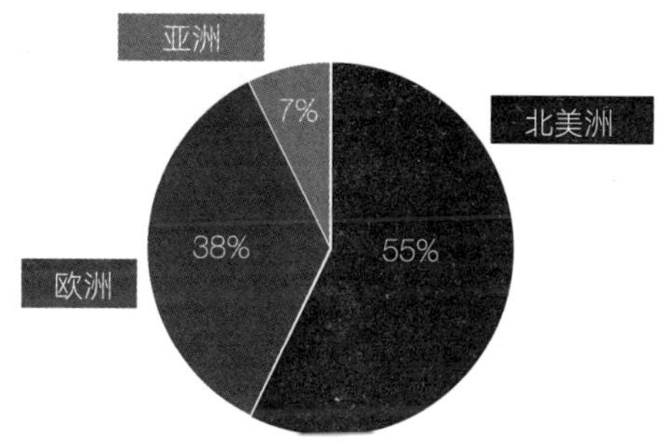

图 12-4　饼状图

对于饼状图，你可以用指南针方向来引导听众，即"东""南""西""北"；或者模拟时钟指向，比如"12 点钟方向""6 点钟方向"。对于条形图，你可以用“第1个”“第2个”“第3个”来指代。对于曲线图，你可以用“实线”“点划线”“虚线”来指代。对于图片，你可以说“上面”或“下面”。

提到图表的“左边”或“右边”时要注意，因为听众的方向与你的是相反的，只说“左”和“右”会把他们搞蒙。如果你想引导听众看向一边或另一边，只需要用屏幕定位即可，比如“屏幕的左侧”或“屏幕的远端”。

要让你的听众感到轻松。

引 用 语

满意的客户、市场分析师或思想领袖的赞美之词可以证实和支持任何内容的主旨，但它们也会令演讲者陷入可怕的逐字阅读陷阱之中。为了避开这一陷阱，你可以转身并点开引用语，停顿，然后在心里默念，就像你从未见过它那样，这给了听众阅读的时间，因为听众从未见过它。接着，转过身与一名听众互动，用“标题+”的方式描述引用语。做完这些之后，你已经吸引到了听众的全部注意力，可以继续谈论并展开论述了。

在SUASIVE的课程中，我通过展示葛底斯堡演讲的第一句话来示范了这个技巧，如图12-5所示。

Fourscore and seven years ago our fathers brought forth, on this continent, a new nation, conceived in liberty, and dedicated to the proposition that all men are created equal.

图12-5 葛底斯堡演讲的第一句话[①]

① 图中文字内容为“八十七年前，我们的先辈们在这个大陆上建立了一个全新的国家，它孕育于自由的理念，奉行“人人生而平等”的原则。”——编者注

我停顿了一下，默念这个句子，就像我从未见过它那样。接着，我用“标题 +”的方式描述这张幻灯片，我说：“这句话来自世界上最著名的演讲之一，亚伯拉罕·林肯的葛底斯堡演讲。”

然后我补充道：“它也是世界上最短的演讲之一。葛底斯堡演讲的英文全文一共包含 272 个单词。”这一信息不在屏幕上，它是我额外增添的内容。

我继续说：**“所以你可以发现，‘少即是多’原则适用于任何地方。”**

最后这句话正是 SUASIVE 课程和这本书的 B 点之一。

遵循叙述连贯性

人们在准备演讲的过程中有一个令人遗憾的惯例，那就是编排幻灯片的时候很少或根本不考虑整体结构，因此演讲者常常忽视了运用过渡性语言使叙述连贯起来。这导致相邻的幻灯片之间缺少或完全没有语言连贯性。

例如，假设你有一张如图 12-2 所示的“产品功能”要点表幻灯片，接下来是一张如图 12-1 所示的“收益增长”条形图幻灯片。演讲者可能会先谈论完“产品功能”要点表幻灯片上的每个要点，然后点开“收益增长”条形图幻灯片说：“现在我想谈谈我们的收益是如何增长的。”

听起来是不是很熟悉？没有连贯性。“收益增长”条形图幻灯片让演讲又从零开始了。

继续这种模式。当“收益增长”条形图幻灯片演示结束后，演讲者点开下一张幻灯片，说：“现在我想谈谈利润。”当“利润”幻灯片演示结束后，演讲者点开下一张幻灯片，说："现在我想谈谈我们的成长战略。"

这种"现在我想……"的方法，是一种生硬到令人抓狂且毫无意义的过渡形式，它变成了演讲者在翻阅幻灯片时标准的操作程序。

有些演讲者试图通过引入下一张幻灯片来增加连贯性，但这是有风险的。在"战斗"最激烈的时刻，也就是肾上腺素激增的时候，你的大脑正忙于处理演讲内容的细节，这让你很难记住幻灯片的顺序。你会突然问自己："哎呀！下一张是什么来着？是'收益'还是'成长战略'？"

无论你是第一次还是第一百次演示幻灯片，这都有可能发生；不论你的幻灯片是演讲开始前刚刚给你的，还是演练过许多遍早已驾轻就熟的，这都有可能发生。即使已经有三十多年的演讲经验，这种事情还是会不时发生在我身上。

让你的大脑掌握幻灯片的顺序纯粹是对时间、精力和记忆力的浪费。你可以使用下面 3 个保持连贯性的简单步骤来减轻精神压力。

保持连贯性的 3 个步骤

1. 对上一张幻灯片进行总结

在你谈论完如图 12-2 所示的"产品功能"要点表幻灯片中的每个要点之后，趁其还在屏幕上时，用一句总结来收尾："这些独特的产品功能已经使我们成为市场领导者。"结束，也是总结。你的听众此刻已经准备好看下一张幻灯片了，这时切入幻灯片，用如图 12-1 所示的"收益增长"条形图幻灯片满足听众的期待。

2. 使用幻灯片同步的步骤

转身并点击，停顿，阅读（你会看到如图 12-1 所示的“收益增长”条形图幻灯片），然后转过身来与一名听众互动，用“标题 +”描述下一张幻灯片：“这是我们过去 4 年的收入增长情况……”

3. 呼应上一张幻灯片

完成“标题 +”时添加一句话，来呼应上一张幻灯片：“……这是由我们市场领先的产品的创新特点所驱动的。”

通过呼应，你把两张幻灯片连接起来了。刚刚讨论完上一张幻灯片，想要记住它并不难。使用了呼应，你就为听众带来了连贯性。遗憾的是，在时间偏差的驱使下，很少有演讲者会使用这种强有力的技巧。

作家会用到这种技巧。“呼应”是一种文学技巧，作者在后面段落（下一张幻灯片）中重复前面段落（上一张幻灯片）中的一个词或短语，在两个段落之间创造了连贯性。

上述 3 个简单的步骤有双重好处：

- 你的内容很流畅，让听众可以轻松跟上。
- 你解放了大脑，可以专心讲述你的内容。

现在，让我把你在这本书里学到的东西用一个段落总结一下。走到房间前面，让屏幕位于你的左侧。转身并点击。当你转身的时候，听众的眼睛会条件反射式地看向屏幕。如果你的幻灯片是以“少即是多”的原则设计的，听众瞥一眼就能看懂。在听众看幻灯片的时候，你也默念上面的内容，就像你从未看过一样。转过身来与一名听众互动，并通过“只对眼睛说话”的方式向他阐述“标题 +”。“完成弧度”，然后把视线移至另一名听众。谈论幻灯片上有的内容和没有的内容。接着把视线移至下一名听众，继续你的演讲。视线继续在房间中移动，进行一系列的“一对一交谈”。每一次对话，都遵循如图 12-6 所示（即图 9-2，为方便起见在此重复）的 SUASIVE“大师技能循环”。

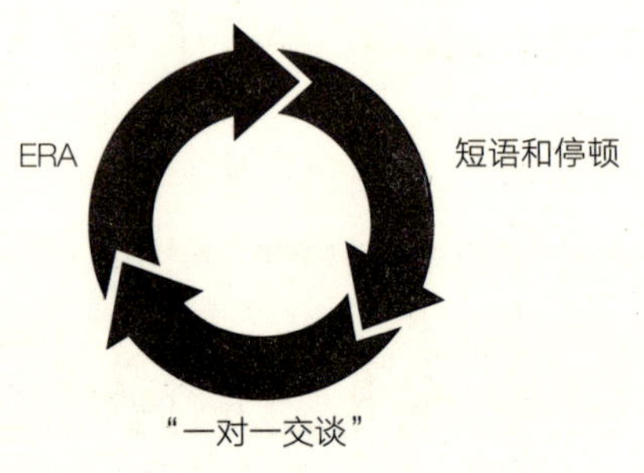

图 12-6 SUASIVE“大师技能循环”

就像我试图让这些技巧变得简单、自然一样，你最终也会形成自己的表达风格，不同程度地整合每个组件。正如每个人都有一个独一无二的指纹，每个人也都会有一个独一无二的表达风格，甚至于演讲大师也是如此。你将在下一章中看到这些。

TIPS

魏斯曼完美演讲

幻灯片设计遵循“少即是多”的原则，让听众瞥一眼就能看懂。同时考虑整体结构，通过保持连贯性的 3 个步骤让内容流畅，让听众可以轻松跟上，而且解放了你的大脑，从而让你专心讲述你的内容。

THE POWER PRESENT

第 13 章

伟大演说家的秘籍

……告诉他们全力以赴，为吉佩尔赢一回！

——电影《克努特·罗克尼》

我们已经用很多章节分析了演讲者积极行为的最佳实践，现在让我们了解一下那些沟通游戏中的大师们。

演讲实例分析

在第 1 章中，你读到过罗纳德·里根迷人的演讲风格，现在让我们再看一看这位伟大的演说家，看一看是什么让他的演讲如此有效。他的最后一次国情咨文演讲就是一个很好的案例。

1988 年 1 月 25 日，在美国国会大厦的众议院大厅里，里根站在演讲台上（如图 13-1 所示），看着国会联席会议席上的人山人海的场面。面对参、众两院的各色人等，他与之交谈，而不是发号施令。

图 13-1 罗纳德·里根

请看他的长句，看一看他是如何实现“完成弧度”的：

> 我希望你们可以让我以一段个人的深思作为今晚的结尾。你们知道，值得信赖的、可靠的宾夕法尼亚议会成员——雅各布·沙拉斯（Jacob Shallus）执笔在我们的宪法序言中写下关于代议制政府的那些话之后，世界就再也不会和以前一样了。

在完成一个悠长而优美的“弧度”之后，他停顿了一下，接着说：

> 在宾夕法尼亚州一座名叫葛底斯堡的默默无闻的小镇上，在那个可以俯瞰埃米茨堡峰（Emmitsburg Pike）的山脊上，林肯谈到了我们对民有民治的政府的责任，并让它永不消失。以这种平静却不容变更的方式，人类活动的进程被永远改变了。

会议室内挤满了人，他长时间循环着的节奏令人心醉神迷，大家静静地注视着，聆听着，被吸引着。

在接下来的部分中，他的内容从个人思考提升到更崇高、更普遍的思想，他在表达时甚至使用了更长的“弧度”。里根驾驭着每个“弧度”，就像一艘宏伟的巨轮在大海上起起伏伏，航行于波涛之中：

> 在这个10年开始的时候，我曾经指出，我们生活在一个同样重要的时代。我们要判断我们的政府形式是否能延续下去，以及历史上是否还会有一个伟大的地方为一片名为美国的安宁且宜人的绿色土地而存在。过去7年并非事事完美，未来几百年也不会事事完美，但在今天和以后的日子里，在我们面前的，是和平与世界自由事业的美好前景。
>
> 这也意味着，我在7年前提到的年轻的美国人，也包括今晚那些可能沿着弗吉尼亚州或马里兰州海岸来到这里的人，他们第一次看到首都的灯光、第一次看到这些灯光照耀着我们伟大的政府大厅和铭记伟人的纪念碑，这些年轻的美国人将在一片自由的土地上找到一座希望之城。

在里根的演讲进行到最后阶段时，回顾了霍华德·罗森伯格的话：

> ……他个人形象的影响力开始超过他的言辞。你会看得更多、听得更少，感受更多、思考更少。外表和情绪完全占据了主导地位。看看他在电视上的视觉形象：歪着的头、真诚的笑容、斜梳的发型，这就足以抵得上千言万语和数百万张选票。

里根在演讲的冲刺阶段完成了强劲的收尾：

> 为他们，也为我们自己自豪的是，这个晚上，波托马克河（Potomac）沿岸的灯光依然可见。这标志着，像过去近两个世纪里美国人所做的那样，希望美国人将一直如此，新一代的美国人爱护

和传承着这个被称为美国的地方。

感谢你们。

在整个演讲过程中，里根的每个字词听起来都非常清晰响亮，衔接完美。不过，在 77 岁的年纪，他曾带有共鸣的播音腔已经变得微弱而缥缈，与 47 年前站在同一演讲台上的另一个人——温斯顿·丘吉尔的声音形成了鲜明的对比。

温斯顿·丘吉尔

在日本偷袭美国珍珠港不到 3 周后的一天，时任英国首相的温斯顿·丘吉尔来到美国，以表达他的国家对盟友的支持。1941 年 12 月 26 日，他在美国国会参、众两院联席会议上发表讲话（如图 13–2 所示），那个演讲台也是美国总统发表国情咨文演讲的地方。

图 13–2　温斯顿·丘吉尔

在 30 分钟的演讲中，丘吉尔标志性的洪亮语调和贵族式的雄辩之词响彻整个会场。演讲临近结束时，他威严的身姿安静而庄重地站在那里，双臂放在身体两侧：

> 尽管如此，我仍要公开表明我的期待和信仰，它们是坚定而不可侵犯的，那就是在未来的日子里，英国和美国人民，将为了他们自身的安全和所有人的利益……

接着，他的双臂以一种舒展的姿态夸张地举起，伸向拥挤的人群。丘吉尔的结束语铿锵有力：

> 在尊严、公正与和平中同行。

演讲结束时，他举起一只手并伸出两根手指，做出了他标志性的代表胜利的“V”字手势。听众都站了起来，报以雷鸣般的掌声。

约翰·肯尼迪

现在将里根总统的演讲风格与约翰·肯尼迪总统 1961 年 1 月 20 日令人难忘的就职演说做一个对比。那是一个非常寒冷的日子，寒风凛冽，气温只有约零下 5.6℃，同样是在华盛顿特区的国会大厦，肯尼迪站在台阶上发表演讲时，没有戴帽子也没有穿外套（如图 13-3 所示）。在宣誓就职之后，他挺起肩膀，昂起头，发表了他的演讲：

> 我认为，我们当中没有人愿意与其他民族或其他时代的人交换位置。

说到这里，他把右臂完全伸直，用洪亮的声音喊出那些干脆利落的词句，他的手臂随之挥动，如同乐队里的首席演奏家。

图 13-3 约翰·肯尼迪

> 我们在这番努力中所投入的精力、忠诚和信念将照亮我们的国家和所有为国家服务的人。这团火焰发出的光芒可以真正地照亮世界。

接着，他把右臂拉近身体，前臂随着这些话而舞动：

> 因此，同胞们……

这时，他伸出食指来强调他的话：

> 不要问……

他的食指轻敲演讲台，继续强调他的话：

> 你的国家能为你做些什么……

他的食指又抬了起来，伸直了一会儿，然后缩回大拇指下面，形成他标志性的手势。肯尼迪的手在空中挥拳，生动地表达他要传递的关键信息：

> 而要问你能为国家做什么。

马丁·路德·金

两年半后的1963年8月28日，在距城镇4 000米之外的地方，作为牧师的马丁·路德·金站在林肯纪念堂的台阶上，发表了同样具有历史意义的演讲。在一场民权游行之后，他在20万人面前进行演讲（如图13-4所示）。

图13-4 马丁·路德·金

他伸出双臂，用浑厚的嗓音吟诵道：

> 当我们让自由之声响彻每一处村落，每一个村庄，每一个州，每一座城市……

他放低声音，双手放到演讲台上：

> 我们将有能力加速到达那一天……

他的双臂再次抬起，双手紧紧地攥起：

黑人和白人，犹太人和非犹太人……

他的双臂再次放下来，此时声音也随之降低。随后他的声音又逐渐增强：

将可以手拉着手，唱起那首古老的黑人灵歌：

他将右臂单独举起来，伸向人群：

终于自由了！

他的右臂继续抬高，声音持续增强：

终于自由了！

此时，他的右臂直指天空，他的声音冲破云霄：

我们终于自由了！

与众不同的演讲风格

这些世界著名的演说家都会利用自己的双手和双臂表达情绪，但罗纳德·里根是个例外。在最后一次国情咨文演讲和其他大多数演讲中，里根都很少利用双手和双臂。

最后一次发表年度演讲时，他的手部患上了关节炎，所以他把手放置在了镜头范围之外。另外，由于国情咨文的讲稿是在提词器上播放的，里根手里还需要拿着一份备用的讲稿复印件。

罗纳德·里根的全部表现力都体现在他宽阔而坚实的肩膀上，体现在他的头部和表情上。霍华德·罗森伯格的描述捕捉到了这一切："……歪着的头、真诚的笑容……"

这种与众不同的演讲风格对里根来说并非罕见，它的出现也不是由于岁月的侵袭或提词器的不可靠。它在里根担任总统之前的 30 多年就已形成，那是他独特的演员时期。不，不是演技，里根杰出的沟通技巧常常被错误地归因于他演员生涯的历练，而实际上，即便是最友善的影评人也很难在他的 54 部电影中找出值得称赞的地方，它们大多数是二流影片。

然而，从演艺生涯末期到以加州州长身份开启政治生涯初期的这段时期里，里根完成了一项任务，那就是形成他独特的风格。1954—1962 年，他在哥伦比亚广播公司电视系列节目《通用电气剧场》（*General Electric Theater*）中担任主持人，他的工作是出镜进行节目介绍和短剧总结。

里根的主持片段与短剧的拍摄通常在不同的时间进行。按照好莱坞一贯的后勤效率，里根经常一次性录制多个开场和结尾。在空荡荡的摄影棚里，只有一台摄像机和一名制作人员在场，然而，里根必须把自己的言辞和人格魅力透过没有生命的摄像机镜头传递给听众，而这些人可能要在几个月、几年，甚至几十年后才会看到这些片段。为了在 20 世纪的美国客厅里受到欢迎，里根必须以家庭成员的身份出现，要共情，要健谈。

在成为一名演员之前，他甚至就已经拥有了这种令人感到亲切的品质。在 20 世纪 30 年代初，他在艾奥瓦州得梅因（Des Moines）的一家广播电台担任体育播音员。他的工作是坐在得梅因的一间演播室里，播报芝加哥小熊队（Chicago Cubs）的棒球比赛。当时，比赛实况是通过电报纸带播报的，因此里根不得不在描述中自行添加色彩，仿佛自己就在现场一般。就这样，里根掌握了将自己的感受传递到听众心中的技巧。

20 世纪 30 年代末来到好莱坞时，里根的优雅风度已经臻于完美。富兰克林·罗斯福总统的榜样力量无疑加强了优雅这一特质的感染力，当时罗斯福名为“炉边谈话”的电台广播令全美民众着迷。接下来，在近 20 年的时间里，里根在数不清的电影和电视节目中扮演了典型的美国邻家男孩角色，他的说话风格变成了他的标志。

1954 年的一集《通用电气剧场》就是一个例证。年轻的里根身材魁梧，站在电影工作室一面光秃秃的墙前面，被舞台灯光包围。他的发型与他在 1988 年发表国情咨文时一样斜梳，头发颜色也一样。他身穿一件剪裁考究的粗花呢外套，胸前口袋里塞着一块整洁的手帕，右手撑在舞台灯光设备上，左手插在裤子口袋里。

作为这一集的开场白，他说道：

> 稍后，应广大听众的要求，我们将在《通用电气剧场》节目播放一部由詹姆斯·迪恩（James Dean）出演的精彩影片。

他以降调说出了最后一个词，“完成弧度”，然后继续说道：

> 这场表演使他的才华获得了全国范围的关注，我们将这场表演视为他在短暂的职业生涯中塑造伟大角色的里程碑之一。

他用降调说出了最后的短语，“完成弧度”，然后继续说道：

我们这些与迪恩一起工作过的人，脑海中都有一个他为超越自己的目标而奋斗的画面。说来也怪，这也是他今晚所饰演的那个男孩的故事。

他“完成弧度”，停顿了一下，继续说道：

埃迪·艾伯特（Eddie Albert）担任旁白，娜塔莉·伍兹（Natalie Woods）饰演女主角，请欣赏舍伍德·安德森（Sherwood Anderson）执导的电影，《我是个傻瓜》（*I'm a Fool*）。

全都出现了：“……歪着的头、真诚的笑容……”以及最终为他赢得“数百万张选票”的所有的热情和真诚。但是他的双手和双臂从未动过！

有一张名为《罗纳德·里根：伟大的演说家》（*Ronald Reagan: The Great Communicator*）的商业 DVD，里面收录了里根在 8 年美国总统任期内的 100 多次充满总统风度的公开片段。在所有片段中，他都很少利用双手和双臂，然而在每一个片段中，里根的魅力都熠熠生辉，由他歪着的头、真诚的笑容、斜梳的发型、闪耀的目光、稳健的节奏和清脆的嗓音表现了出来。

交谈与共情

最后，我将罗纳德·里根的演讲风格与本章其他几位演说家的演讲风格进行了比较。一方面，丘吉尔、肯尼迪、马丁·路德·金都用他们的双手和双臂做出了近乎舞蹈编排的戏剧性手势，这 3 位都有浑厚、洪亮、近乎歌剧风格的嗓音。丘吉尔和肯尼迪都是国家领导人，他们对听众讲话时是居高临下的，要求对方达到自己的崇高境界；马丁·路德·金是民权领袖，其发言也是居高临下的，要求听众服从更高的权威。

而另一方面，里根是以我们中的一员的身份，在同等高度上对听众说话的。丘吉尔、肯尼迪、马丁·路德·金是在公共场合，强有力地向遥远的后方听众投射了他们的个人形象，里根则是温和地在家庭客厅里投射了他的个人形象。这种技巧，自他在广播电台时起他就逐渐掌握了，并在《通用电气剧场》工作的 8 年时间里变得精通。这种技巧使他可以跨过时间和空间的巨大鸿沟，向看不见的陌生人展示个性；这种技巧推动他从艾奥瓦州来到好莱坞，再到加利福尼亚州萨克拉门托（Sacramento），最后，抵达华盛顿。

里根演讲风格的精髓在于，他有一种不可思议的能力，能在任何场合、任何维度与听众融为一体，让每位听众都觉得："他是在对我说话！"

亲切健谈能带来积极的共情，没有哪位总统能达到罗纳德·里根的水平。他是一股无法抗拒的力量，永远都能打动每个对象、每名听众。

你可能达不到里根所达到的高度，但你可以以他的一系列对话技巧作为标杆，并将它们运用到你自己的演讲当中。当然，模仿里根时，最重要的还是要自然。

TIPS 魏斯曼完美演讲

伟大的演说家罗纳德·里根成功的秘诀在于其富有表现力的面部表情和肢体语言，这些形成了他独有的风格。亲切健谈带来的积极共情让他将自己的感受传递到了听众心中。

改变从现在开始

> 就公众演讲而言，凭借更好的沟通技巧，你的价值可以提升50%。
>
> ——沃伦·巴菲特

本书的第一个演讲典范是里根，我在最后再次提及他，从而达到本书的高潮，并为你和所有演讲者树立一个榜样。他在担任《通用电气剧场》主持人时形成的讲话风格，使他成为一个成功的“伟大的演说家”。形成并打磨出自己的演讲风格，这样你每次在听众面前演讲时就可以以此制胜了。

当你的“哎呀时刻”来临时，默认去做自然而高效的事情：以一系列“一对一交谈”的方式进行演讲。

演讲方式的转变，包括在思维上从考虑自己向考虑交流对象的转变，是听众共鸣的本质，这些转变会本能地唤起听众的共情。也就是说，当你感受到听众的积极反应时，你对公众演讲的恐惧就消失了。你会找到自己的舒适区。

一旦打好这个基础，你就可以利用 SUASIVE“大师技能循环”（如图 C-1 所示）来作为你的演讲工具。

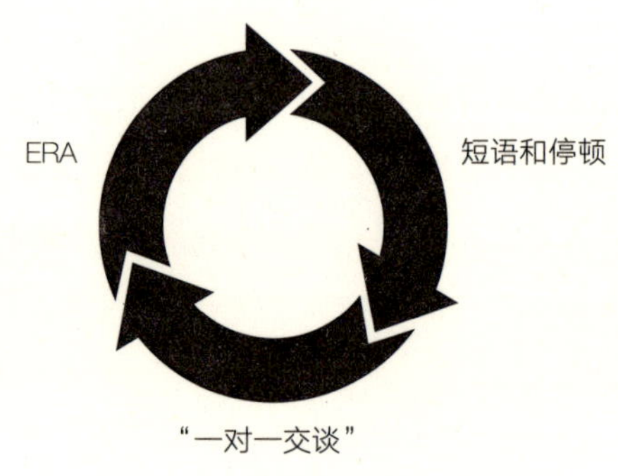

图 C-1　SUASIVE“大师技能循环”

“大师技能循环”的运用

弗拉德·施穆尼斯（Vlad Shmunis）是一位经验丰富而且成功的硅谷技术高管。1999 年，他创办了云通信公司铃盛，并担任该公司 CEO，助力公司业务和技术的不断升级。2010 年，施穆尼斯也因此在于瑞士达沃斯举办的著名世界经济论坛上获得了技术先锋奖。在论坛上接受采访时，他仰身而坐，双手十指交叉，视线朝下，漫无边际地讲述了铃盛的业务，表达的内容不时被无意义的语气词打断。

随着铃盛公司的业绩增长持续加速，不久之后，公司开始计划一次公开募股，我就是那时候遇见施穆尼斯的。他聘请我帮助他和他的高级团队为 IPO 路演做准备，我便使用你在这本书里学到的技巧指导了他们。他们最终于 2013 年公开募股，作为一家上市公司，铃盛的市值持续攀升，在 2020

年超过了 200 亿美元。

施穆尼斯至今仍是该公司的主要发言人。在美国消费者新闻与商业频道的《疯狂金钱》(*Mad Money*）节目中，主持人吉姆・克莱默（Jim Cramer）请他描述一下铃盛的业务，只见施穆尼斯微笑着向前探身，直视着克莱默的眼睛，在简明扼要地描述铃盛的业务的同时，不时插入生动的手势。

从世界经济论坛到《疯狂金钱》，铃盛的信息基本上没有变化；然而，信息传递者通过眼神接触和生动的手势，使他的声音更有活力了。另外，他通过言简意赅的措辞和清晰的停顿消除了无意义的语气词，这使本已很有力的信息变得更加有力。

最好的赞美

最后，请允许我冒昧地与你分享我担任演讲教练多年以来所获得的最好的赞美。它来自闪迪公司的前 CFO 辛迪・伯格多夫（Cindy Burgdorf），该公司目前已成为世界上最大的闪存数据存储产品供应商。闪迪在 IPO 时，伯格多夫和公司创始人兼 CEO 伊莱・哈拉里（Eli Harari）请我指导他们的路演。当我们结束最后一天的课程时，伯格多夫对我说："这不仅仅是关于演讲的，对吗？这是关于任何情形下的交流的。它适用于任何场合。"

我希望伯格多夫的话对你也有意义。你的每一次交流，无论是一次会面、一次采访、一场会议、一场讨论，或者是一对一互动；无论是商务的、还是社交的，都涉及与演讲相同的关键元素和动态。它们只有很小的差别，只是程度上有所不同。如果你希望沟通获得成功，就必须有效地管理每一次人际交流中的所有元素和动态。如果你想让听众获得积极感受，就必须在演讲中展现积极行为。

祝你好运。

未来，属于终身学习者

我这辈子遇到的聪明人（来自各行各业的聪明人）没有不每天阅读的——没有，一个都没有。巴菲特读书之多，我读书之多，可能会让你感到吃惊。孩子们都笑话我。他们觉得我是一本长了两条腿的书。

——查理·芒格

互联网改变了信息连接的方式；指数型技术在迅速颠覆着现有的商业世界；人工智能已经开始抢占人类的工作岗位……

未来，到底需要什么样的人才？

改变命运唯一的策略是你要变成终身学习者。未来世界将不再需要单一的技能型人才，而是需要具备完善的知识结构、极强逻辑思考力和高感知力的复合型人才。优秀的人往往通过阅读建立足够强大的抽象思维能力，获得异于众人的思考和整合能力。未来，将属于终身学习者！而阅读必定和终身学习形影不离。

很多人读书，追求的是干货，寻求的是立刻行之有效的解决方案。其实这是一种留在舒适区的阅读方法。在这个充满不确定性的年代，答案不会简单地出现在书里，因为生活根本就没有标准确切的答案，你也不能期望过去的经验能解决未来的问题。

而真正的阅读，应该在书中与智者同行思考，借他们的视角看到世界的多元性，提出比答案更重要的好问题，在不确定的时代中领先起跑。

湛庐阅读 App：与最聪明的人共同进化

有人常常把成本支出的焦点放在书价上，把读完一本书当作阅读的终结。其实不然。

时间是读者付出的最大阅读成本

怎么读是读者面临的最大阅读障碍

“读书破万卷”不仅仅在“万”，更重要的是在“破”！

现在，我们构建了全新的“湛庐阅读”App。它将成为你“破万卷”的新居所。在这里：

- 不用考虑读什么，你可以便捷找到纸书、电子书、有声书和各种声音产品；
- 你可以学会怎么读，你将发现集泛读、通读、精读于一体的阅读解决方案；
- 你会与作者、译者、专家、推荐人和阅读教练相遇，他们是优质思想的发源地；
- 你会与优秀的读者和终身学习者为伍，他们对阅读和学习有着持久的热情和源源不绝的内驱力。

下载湛庐阅读 App，
坚持亲自阅读，
有声书、电子书、阅读服务，
一站获得。

CHEERS

本书阅读资料包

给你便捷、高效、全面的阅读体验

本书参考资料

湛庐独家策划

- 参考文献
  为了环保、节约纸张，部分图书的参考文献以电子版方式提供
- 主题书单
  编辑精心推荐的延伸阅读书单，助你开启主题式阅读
- 图片资料
  提供部分图片的高清彩色原版大图，方便保存和分享

相关阅读服务

终身学习者必备

- 电子书
  便捷、高效，方便检索，易于携带，随时更新
- 有声书
  保护视力，随时随地，有温度、有情感地听本书
- 精读班
  2~4周，最懂这本书的人带你读完、读懂、读透这本好书
- 课　程
  课程权威专家给你开书单，带你快速浏览一个领域的知识概貌
- 讲　书
  30分钟，大咖给你讲本书，让你挑书不费劲

湛庐编辑为你独家呈现
助你更好获得书里和书外的思想和智慧，请扫码查收！

（阅读资料包的内容因书而异，最终以湛庐阅读App页面为准）

图书在版编目（CIP）数据

浙江省版权局
著作权合同登记号
图字:11-2022-195号

魏斯曼的演讲大师课. 4 / (美) 杰瑞·魏斯曼(Jerry Weissman) 著 ; 范兆明译. -- 杭州 : 浙江教育出版社, 2023.1
ISBN 978-7-5722-5184-9

Ⅰ. ①魏… Ⅱ. ①杰… ②范… Ⅲ. ①演讲—语言艺术 Ⅳ. ①H019

中国国家版本馆CIP数据核字(2023)第029631号

上架指导：演讲 / 商务沟通

魏斯曼的演讲大师课4
WEISIMAN DE YANJIANG DASHIKE 4
[美] 杰瑞·魏斯曼 著
范兆明 译

责任编辑：周嘉宁
美术编辑：曾国兴
责任校对：李 繁
责任印务：刘 建
封面设计：湛庐文化
出版发行：浙江教育出版社（杭州市天目山路 40 号 电话：0571-85170300-80928）
印 刷：石家庄继文印刷有限公司

开 本：710mm ×965mm 1/16　　插 页：1
印 张：16.25　　字 数：240 千字
版 次：2023 年 1 月第 1 版　　印 次：2023 年 1 月第 1 次印刷
书 号：ISBN 978-7-5722-5184-9　　定 价：89.90 元

如发现印装质量问题，影响阅读，请致电 010-56676359 联系调换。